国家出版基金项目
NATIONAL PUBLICATION FOUNDATION

焦国成 ◎ 主编
安晋军 ◎ 编著

中国人的美德

ZHONGGUORENDEMEIDE

经历数千年传承、融汇时代精神的美德，是中国人思想道德的灵魂，是构筑中国人时代精神的血脉，更是中华民族伟大复兴的根基。

节

天津出版传媒集团
天津人民出版社

图书在版编目(CIP)数据

节 / 安晋军编著. -- 天津：天津人民出版社，
2013.7
（中国人的美德 / 焦国成主编）
ISBN 978-7-201-08289-9

Ⅰ.①节… Ⅱ.①安… Ⅲ.①品德教育–中国–青年
读物②品德教育–中国–少年读物 Ⅳ.①D432.62

中国版本图书馆 CIP 数据核字(2013)第 171474 号

天津人民出版社出版

出版人：黄　沛

（天津市西康路 35 号　邮政编码：300051）

邮购部电话：（022）23332469

网址：http://www.tjrmcbs.com

电子信箱：tjrmcbs@126.com

三河市同力印刷装订厂印刷

2013 年 7 月第 1 版　2013 年 7 月第 1 次印刷

787×1092 毫米　16 开本　10 印张　1 插页

字数：100 千字

定　价：29.80 元

── / 编委会 / ──

名誉主编:罗国杰

主　　编:焦国成

编　者

（以姓氏笔画为序）

王　乐	王　易	王　颖	王文东
左　思	龙　倩	史尚宏	朱辉宇
刘余莉	刘晓津	刘喜珍	安练练
安晋军	李莉莉	李晓霞	吴锻霞
吴瑾菁	辛丽丽	张旭晴	张溢木
金香花	周春玲	姜文明	袁　园
徐佳佳	徐　晶	郭　伟	郭　宏
郭清香	黄　沛	彭思雅	韩睿思
揭　芳	雷学敏	詹黛尔	谭智秀
霍国栋	薄翠香		

　　"美德"是什么？在有些人看来，就是埋头傻干而不计报酬多少，与人交往而甘愿事事吃亏，不考虑个人得失而时时奉献，因此，"美德"不过是忽悠傻瓜的招数，"高尚"无非是中招儿的蠢人才会去追求的做人境界。在这些"智者"的眼里，只有名利权位、声色犬马才是值得去追求的，而"美德"则不值一文。这种想法让我们想到了丛林中的狐狸和狼。那些"智者"的智慧，也不过是丛林之中狐狸和狼的智慧。对狐狸和狼来说，甚至对只图利益的小人来说，美德确实什么都不是。但是我们到底是要把市场经济下的社会建设成一个美好的人类世界，还是要把它变成一个绿色丛林？丛林之中，没有谁永远都是强者，即使老虎、狮子也不例外。当那些信奉丛林规则的"智者"成为"更智者"爪下的一块肉时，他的智慧又在哪里？

　　孟子说："得道者多助，失道者寡助。寡助之至，亲戚畔之；多助之至，天下顺之。"（《孟子·公孙丑下》）利己主义者的智慧是一种小聪明,虽然可以暂时得利,但这种利总是有"害"相跟随。因为占了别人的便宜,固然可以一时得意,但当被千夫所指的时候,他的得意也就不在了。前乐而后苦、开始得意而日后途穷的智慧,无论如何也不能说是一种高妙的智慧。真正的赢家应该是淡泊名利、以德服人的人。

在有美德的人看来,有损美德的利益不是一种利,反而是一种害。正如孔子所说:"不义而富且贵,于我如浮云。"(《论语·述而》)避开了不符合道义的利益,同时也就避开了它可能导致的害。俗语也说:"为人不做亏心事,半夜敲门心不惊。"具有美德的人,善于约束自己,仰不愧于天,俯不怍于人,心里坦坦荡荡,安宁舒畅。能使自己愉悦幸福一生的,莫过于美德。代代相传的"富润屋,德润身"箴言,是以往高贤大德的切身体验,绝非忽悠人的虚言。

有美德的人讲仁讲义,乐于助人,乐于成人之美,这有助于消融人与人之间的冷漠和对立,增进人与人之间的和谐与合作。团结就是力量,合作强于孤军作战。人之所以能够胜过万物,就在于人与人之间能够合作。

美德是立于不败之地的精神力量。有美德的人,是在爱人中爱己,在利人中利己,在使众人快乐中获得自己的快乐。因为他行事以德,故服人不靠威势武力;因为他爱人利人,故能把自己与大众连为一体。因此,孟子才说"仁者无敌"。

美德是可以惠及整个社会和子孙万代的精神财富。孔子曾经提出过"惠而不费"的君子智慧。在他看来,"因民所利而利之"的德政是惠而不费的。如果我们能把孔子的思想发挥一下,使美德真正成为每一个人的操守,社会将变得更加美好。做父母的有慈的美德,天下的儿童就都幸福了;做子女的有孝的美德,天下的老人就都幸福了。同样,每个社会位置上的人都有美德,天下就会是一个大道流行、人人幸福的世界。这就是真正的"惠而不费"。

新中国成立已有六十余年,改革开放已经三十余年,我国的社会主义建设取得了令世界瞩目和赞叹的成就,中国人民过上了小康的幸福生活。然而中国社会的道德风气却不尽如人意:急功近利的追求、冷漠的处世态度、庸俗的休闲生活,已经成为许多人的生活写照。腐败现象屡禁不止,法纪的权威性受到挑战,潜规则大行其道,假冒伪劣层出不穷,这已经是伴随市场经济的发展而出现的司空见惯的社会现象。道德的沙漠化现象开始初露端倪。因此,道德文明的建设已经显得比任何时候都更加迫切。

历经数千年传承、融汇时代精神的美德,是中国人思想道德的灵魂,是构筑中国人时代精神的血脉,更是中华民族伟大复兴的根基。

　　为了弘扬美德,我们组编了《中国人的美德》丛书。丛书针对市场上缺少入情、入理、入心的道德教育读物的现状,专门为广大未成年人精心打造。要改善社会的道德风气,提高社会的道德水平,就要有好的读物。本丛书力求适应这一社会需求,将中华民族的传统美德、优秀的革命道德和时代精神完美融合,将传统精神和时代精神、文化继承和文化创新有机结合起来,力求凸显社会主义道德的中国特色和民族道德传统的历史延续性;在保证其通俗性、可读性的同时,力求有一定的创新性。如果此套丛书能够激发起广大未成年人对中国人的美德的兴趣和向往,我们将感到无上的荣幸和欣慰!

焦国成

2013 年 6 月于北京

中 国 人 的 美 德

Mulu/目录/

第一辑 解析篇

节的字形字义辨析 ………………………………………… 3

节德的一般要求 …………………………………………… 9

节德在当代社会的践行 …………………………………… 16

第二辑 菁华篇

背诵部分 …………………………………………………… 29

熟读部分 …………………………………………………… 44

第三辑 范例篇

伯夷、叔齐宁死不食周粟 ………………………………… 79

屈原宁死不易节 …………………………………………… 82

苏武牧羊 …………………………………………………… 86

文天祥留取丹心照汗青 …………………………………… 89

史可法:"数点梅花亡国泪,二分明月故臣心" ………… 92

陈嘉庚的节俭作风 ………………………………………… 96

鲁迅:"横眉冷对千夫指,俯首甘为孺子牛" …………… 99

球王李惠堂的民族气节 …………………………………… 104

吴佩孚不做汉奸 …………………………………… 109

狱中英雄江竹筠 …………………………………… 112

抗日"模范童子军"张六子 ……………………… 114

程砚秋:耻歌寇盗学犁锄 ………………………… 116

节约标兵黄克诚 …………………………………… 120

张自忠将军 ………………………………………… 124

杨靖宇的英雄故事 ………………………………… 127

徐悲鸿:人不可有傲气,但不可无傲骨 ………… 130

梁实秋节制饮食 …………………………………… 134

有骨气的朱自清 …………………………………… 136

闻一多拍案而起显骨气 …………………………… 139

梁漱溟的气节 ……………………………………… 143

吴宓:宁可杀头,也不批孔 ……………………… 146

节

第一辑

解析篇

JIEXIPIAN

节

　　节是中华民族的传统美德。在中华民族发展的历史长河中，节德始终闪耀着灿烂的光芒，给中华儿女以无穷的力量。可以说，节德对于个人、国家和社会的发展都有非常重要的作用。一个人要想真正立足于社会，需要节作支撑；要想使个人的人格尊严不被践踏，需要守节；要想使人、社会和自然处于适度与和谐的状态，需要在为人处事时有所节；要想使社会可持续发展，也需要在物质使用方面有所节……历史和现实已经证明，那些持节守节的人不仅能够收获自足，而且也备受社会的推崇。

节的字形字义辨析

"节"的字形与起源

在甲骨文中尚未出现"节"字。"节"字的金文 和篆文 是形声字，从竹，即声。据《史记·龟策列传》曰："竹，外有节理，中直空虚。"不难看出，"节"字重在突出竹的内外特征。竹子因有节理而不会轻易弯曲，并且因中空而挺立不屈，这也是其可贵之处。"节"字正是择取竹子的这些特质来表现它的本义的。"节"字从篆文演变到隶书，在字形上发生了较大的变化，由竹字头换成了草字头。演变到楷书的繁体字又恢复了原来的竹字头，新中国成立后又简化为"节"。

"节"字的起源与古人的生活实际密切相关。在远古时代，人们用来进餐和盛放食物的竹碗，是用竹节作天然碗底的。远古时代的竹碗还有一个用途就是可作为打击乐器使用。

"节"的含义

"节"字在初创时，其内涵简单，就是竹节，即竹子有环状的突起的地方。东汉的许慎在其《说文解字》中指出："节，竹约也。"段玉裁注释说："约，缠束也，竹如缠束之状。"随着社会的发展和客观事物的变化，"节"字的含义也在不断丰富和发展。在"节"义的发展变化过程中，既有用作动词的情形，也有用作名词的情况。不论哪种情形，都是由"节"的本义，即竹节引申出来的。

　　第一，从用作动词的角度看，"节"有节制、节约和节用等意思。竹节像竹子上的约束和限制，每一分段的长度是一定的，不可以逾越一定的界限，所以引申为节制、节约和节用。节制主要是针对精神性的需求而言的。我国古代的道德范畴中没有明确的"节制"概念，不过有类似的表述语，如儒家有"克己""制欲""约"等表述，并通过"克己复礼"的形式作了进一步的阐述。"克己"就是克制自己不正当的情感欲望，"复礼"就是符合于礼。在孔子看来，人们只有克己复礼才能达到"仁"的要求和境界。此外，道家主张少私寡欲，墨子和荀子则提倡节用。

　　节约和节用则主要针对物质需求而言。儒家坚持"取之有度，用之有节"的准则，要求对大自然索取有度，节约使用资源。墨子从"节用"出发论述节制，他反对奢侈，崇尚节约，主张节制消费原则。荀子则强调"强本节用"，反对"本荒而用侈"，意思是要加强农业生产，节约费用。中华民族历来以"勤俭自强"精神著称，节俭消费物品和节制使用资源，早已成为国人普遍认可且切实践行的一种传统美德。这一美德在我国革命、改革和建设的过程中，被进一步弘扬、升华为"艰苦奋斗的革命精神"和"艰苦朴素的工作作风"，由此孕育出一代代英雄模范吃苦耐劳、甘于奉献的崇高品格，并已成为全国各族人民不断继承和发扬的优良传统。今天，我们正在努力建设节约型社会，这无疑将"节"的含义置于更加宏阔的视野中，因而更富有时代感和生命力。

　　第二，从"节"字用作名词的角度看，"节"有节操和气节等意思。竹节的分段是有规则的，如同一个人做事情，也要有一定的原

节

则，不可以随意改变，因此又引申为节操、气节。节操和气节的含义很接近，都是指在是非、善恶面前能够作出正确的道德抉择，不为任何利益诱惑，能够始终坚守自己的道德信念。实际上就是说要在道德选择面前把握好分寸，控制好度，真正做到"有节"。气节也就是一个人的人格或节操，是人们内心世界的体现，古人有"富贵不能淫，贫贱不能移，威武不能屈"和"不为五斗米折腰"的说法，都与气节有关。《史记·汲郑列传》中最早提到了"气节"一词："（黯）好学，游侠，任气节，内行修絜。"《现代汉语词典》中对"气节"的解释是："坚持正义，在敌人或压力面前不屈服的品质。"气节包括做人气节、民族气节、革命气节等具体内容，这些都是值得坚持和弘扬的优秀品质。当然，就这三类气节相比较而言，做人气节和民族气

节的现实意义更强一些。

　　节操本身也有气节、操守的意思。如果说二者有所区别的话，我们认为节操更注重从一般层面来探讨道德情操和道德操守的问题，当然其中也涉及气节，而气节往往在人面临着巨大压力，甚至是生与死的考验时，才能证明它的价值。孟子曰："人有不为也，而后可以有为。"（《孟子·离娄下》）前贤的话告诉我们，做人要有原则，知道能做什么，不能做什么。这说的正是道德的操守。

节德的一般要求

"节"字的古今通义是对某些事物有所控制、克制和限制，那么具体控制、克制和限制什么，这是节德的一般要求，也是相对比较明确的，直接向人们明示该做什么。具体来说，节德的一般要求包括以下三方面内容。

节制情欲

一般而言，节制主要包括节情和节欲两个层面。简单地说，就是通过理智的支配力量把情感和欲望控制在一定的度的范围内，不纵欲也不纵情，使之符合中庸之道，即既无不过也无不及。其实做任何事都需要把握分寸，掌握好度，否则就会过犹不及，甚至带来危害。这是一个通理。人都有七情六欲，追求欲望不仅是自然的，也是有利于一个人成长和成功的。可是一旦情欲的满足突破某个界限，就可能遇上一些麻烦事。常言道，冲动是魔鬼，意思是如果放纵某些情绪的发泄，那么就会像魔鬼一样多么荒唐可怕的事都可能做得出来。我们经常听说有些人一时冲动做了某些傻事，怎么会这样呢？说明情绪的控制和管理出了问题。可见，一个人的情绪该控制的时候还是应当适当控制一下，这叫情绪管理。情感的表达也一样。有些人的情感本身比较丰富，有时也很夸张，往往把握不好度，这是很令人忧心的，甚至会乐极生悲，高兴过度了，事态向相反的方向转化了。生活中这样的事并不鲜见。时而听说某地某人买彩票中巨奖了，本来是大大的喜事和好事，可他却因一时接受不了这个事实情绪失控进而失常。

再谈谈人的欲望。欲望是个好东西，一个人只有不断地追求各种目标，满足各种欲望，才会觉得活着有劲、有意义。对此有人可能会反驳：那些无欲无求的人应该不会这么想吧！譬如说道家。我们细想一下，果真有无欲无求的人吗？倘若如此，一是他没法生存，二则无欲无求本身便是有所欲求的体现。可见追求和满足欲望是人的正常需要，不过也需要把握好尺度。有一个成语叫欲壑难填，意思是人的欲望是无止境的，满足欲望的过程本身就是一个长期的过程。既然这样，就悠着点儿，慢慢来，这个沟能填多少填多少，甭想一下子把它填满，想填满不仅不现实，还会搞得自己很累，甚至得不偿失。现实生活中"让我一次×个够"的版本不少，可又有多少人能真正承受得起甚或享受得了这一次呢？恐怕是瘾过够了，同时负面效应也带来很多。此外，现实中那些贪得无厌之徒通过间接的方式没少给我们授课。有这样一些"老爷"们，他们一个个使出浑身解数在"有"字上下功夫，当官的宗旨很明确，就是为了发财，"当官不发财，请我也不来"。他们发起财来真是一个比一个疯狂：胡长清敛钱好几百万元；谢鹤亭超过了一千万元；成克杰有好几千万，家里有妻子儿女，还要追求"三妻四妾"，到处风流；许迈永有一个多亿，外送美名"许三多"：钱多、房多、情妇多。他们享尽了"有"的甜头，占尽了"有"的风光，最后便有了一个横尸刑场的下场。有的贪官没有走得那么远，也拥有了一般人所没有的东西——手铐。这些留给旁观者的启示很明确：那些人正是因为贪得无厌才导致最后垮掉、倒掉、栽掉,总之没有什么好下场。何苦呢?看来在这个问题上离开节制还真不行。

这里有一个故事:蚂蚁与苍蝇争夺棒棒糖。一只蚂蚁发现了一个棒棒糖,通知了大部队来搬运,却被苍蝇发现。苍蝇也搬来救兵,在齐心协力之下,居然连同死死抓住棒棒糖的蚂蚁一起带走了。苍蝇抓住糖棒,蚂蚁在糖上不松口。在大家的争夺之下,棒棒糖摔下来,摔了个粉碎,苍蝇、蚂蚁各取所需,带着属于自己的一块战利品回家了。

这个故事给我的思索很多。首先我赞叹蚂蚁和苍蝇不放弃的精神,但它也警示我们贪多必失。生物界有自己的生存法则,各方有各方的所属,各方有各方的地盘,如若非要拼个你死我活,非要去霸占那一份不属于自己的财富,那么将永无平息之日。这个世界还是比较公平的,它从整体上秉持一个均衡原则。世界万物之所以能够共处于同一个大家庭中,与世界整体的均衡原则有很大的关系。如果有人想打破这个均衡,那么也需承负一定代价。民间有"贪多嚼不烂"和"言多必失"的说法。贪多嚼不烂是说贪图多吃,消化不了,比喻工作或学习只贪图多而做不好或吸收不了。言多必失的意思是指话说多了一定有失误。太贪了并不是好事,贪婪者的日子也好过不到哪里去,他们大多并不快乐。原因在哪儿?贪婪容易导致人的性格扭曲。对于不擅克制的人来说,一旦养成贪婪的毛病,就会为实现无法满足的欲望而不择手段。这是很危险的事。

重节操，守气节

　　说到节操和气节，我们很自然地会想到在国家民族危急存亡之际英勇抗争、不屈不挠，甚至不惜以身殉国的仁人志士们。原因似乎不言自明，因为那是一个十分特殊的年代，他们的确是有着高尚的民族气节和坚定的个人操守。事实上，在和平年代以及在日常生活中，也同样需要高尚的节操，而且在新时期也涌现出了一大批有着高尚道德情操和伟大气节的英雄模范们。可以说，节操是一种坚定的人生信念和人生态度，是个人意志独立的体现，说到底是一种个人修养，也是一种道德自律。有人可能会有这样的看法：节操也好，气节也罢，总是在讲些大人物的大事迹，都是大手笔，好像跟普通人和小作为没啥关系。其实不然！节操和气节既包含大方面的民族气节和政治气节，也有小方面的日常道德操守和做人气节，这也就是我们通常讲的做人要做一个有道德、有志气、有骨气的人，反对奴颜媚骨。

　　俗话说，竹有节。人有志。志气是一种看得见又看不见的东西，它不是嘴上说说，而是要有实际行动的。"志气"一词如果分开来理解就是志向和气魄，一个胸无大志的人很难有大的出息，一个毫无志向的人，其人生会缺乏前进的动力。当然有志向还需结合有骨气才可能使人获得成功。通俗些讲，有骨气就意味着不畏艰险，在正确的轨道上按照自己的意向行进，表示一种执着和坚守。"这个人骨头真硬！""这个人真有骨气！"这都是我们很熟悉的赞许一个人有骨气的话语。有骨气的人是不会轻易屈服于外部压力和困难的，他们有坚硬的精神之骨作支撑，总在希求按照自己的计划和步骤行事,谁能说这不是守气节的表现呢？同时也不难看出,有志气和有骨气都着眼于一个"气"字。有时人们也说"树活一张皮,人活一口气""人争一口气",这其中有物质性的气之意,因为人只要活着就要呼吸气体,但更重要的旨意在于要活出一定的精神气来。人还是需要一点儿精神的,这样才能真正体现人的存在价值。

节用资源,节约消费

与节制相联系,节约和节用也是节德的内涵要求。如果说节制是从一般层面讨论节德的话,那么节用和节约则主要是从物质的角度来谈节德。此处的节用主要是指资源的节用。

节用资源是我们每个人的事情。尽管从中央到社会各方面都在呼吁应当有节制地利用资源,可是我们注意到在生活中很多人的节用意识还没到位,现在看来这条节用资源的路还是一条漫长之路、艰难之路。众所周知,我们地球上的自然资源分为可再生与不可再生两大类。可再生的还好说点儿,让我们揪心的就是那些定量的不可再生的自然资源,主要有石油、煤炭、天然气和其他所有矿产资源。这些资源的储量随着人类的消耗而越来越少,总会有用光的那一天。我们不可能阻止那一天的到来,但可以通过我们的努力尽量推迟它的到来。还有水资源问题。我国是严重缺水的国家,人均淡水资源量仅仅排世界第110位。既然这样,我们就不能太自私了,不能光考虑本代人及近几代人的需求,不能吃祖宗饭,断子孙路,而应当考虑得更长远一点儿,这也是有良知的体现。

节约首先要做到不浪费,其次在消费方面要有所节制。节约的

层次若再高一点儿,应该是倡导绿色消费、环保消费。白领和蓝领的称呼可能大家都很熟悉了,可时下社会上还流行一个群体——绿领。这类人一般收入较高,生活质量也相应地要求得高,因此绿色消费和环保消费自然容易成为他们的主导消费理念。绿领们在吃住行方面都践行着简约、健康的规则。他们崇尚无公害的有机食品,偏爱天然材质的衣服,同时理性地选择家居住房。这其实反映了绿领一族对生活本质的回归,忠实于内心的召唤,更合理地消费与生活。在这里,我们千万不应有这样的误解,认为只有高收入人群才需要或才可以划到绿领之列。实际上,只要我们的思想足够进步,我们的品德足够高尚,绿领的称号就会眷顾我们。

节德在当代社会的践行

为什么要践行节德

践行节德有助于和谐身心和协调人际。在生活中，一个人有所节制于己于人都是有利的，就像车上的刹车，关键时刻既能保全自己，也能保护他人的安全。遗憾的是，人往往追求"动力"有余，而对"制动力"重视不足，结果常常导致身心失调和人际摩擦、矛盾、祸患的发生。

从表面上看，节制似乎意味着减少了人的情欲，给人以压抑，其实不然。节制的宗旨在于增加和丰富人的情欲，给人以高尚和自由。可能有人会这样想："我是做到了节制，可是也失去了很多。为什么要节制呢？"是的，我们不否认失去了某些东西这个事实，但我们应当注意到节制的好处，之所以节制就是为了获得更大的成功和更大的自由。俗话讲，有舍才有得，一个人不可能占尽所有好处，这里的关键是将来所获的意义和价值都较当下所获的大许多。这才是节制精神的本质所在。

践行节德有利于维护个人人格尊严和民族尊严。一个人、一个民族都是需要尊严的，尊严是其存在和发展的重要精神支撑。重节操、守气节本身就是在维护尊严。同时，践行节德也是一个人成就大事和成就人生的重要条件，是一个民族屹立不倒、生生不息的坚定支撑。最后，践行节德还有益于荡涤人的心灵，淳化社会风尚，推动社会的可持续发展。

16

在当代社会怎样践行节德

如果说知道节德要求我们做些什么是一个基本前提的话,那么具体怎么践行节德的这些要求,则是问题的关键和归宿。在当代,我国社会生活的各个方面与以前相比都发生了巨大的变化,相应地对践行节德也提出了更高的要求。

1.量力而行,合理规划

人有欲望很正常,但如果太贪了就不好了。现实中有些人的贪欲极盛,这也想要,那也想拿,而且总拿不够。其实人在欲望面前应当把握适可而止的原则,从主体角度看,首先有一个能力相称问题。做任何事都需要量力而行,否则将给自己的身心健康带来不利影响。另外,在追求欲望的过程中也需要注意合理规划,以免失衡。就拿科学饮食来说,一个人不仅要考虑自己的饭量,也要对自己该吃什么做一个比较合理的规划,暴饮暴食和挑食偏食都是不可取的。

现代社会,物质丰裕了,"三高"人群多了,青少年中的胖墩儿也多了,这些都与在饮食方面不注重节制有很大关联。从科学的角度说,饭要七分饱,而实际上往往是十分饱,甚至十二分饱。每次吃得连站立都困难,更甭说走路了。这是何苦呢?有些人有偏食的毛病,碰到自己不喜欢吃的东西连正眼都不瞧一下,一旦遇上自己特喜欢的东西,那简直要乐疯了,不管别人吃不吃,先让自己一次吃个够再说。殊不知这样的后果是很严重的。首先是造成了营养不均衡,另外就是这一次吃够以后,下一次很可能就不想吃了;更为严重的是,可能会为以后埋下各种疾病的隐患。这样的伤可是伤不起啊。比较理想的做法是,各种食物多多少少都吃点儿,尽量达到营养均衡。自己不喜欢吃的少吃甚至不吃,关系不算大;主要是遇到自己特喜欢的,最好悠着点儿,千万别海吃。但有些人饭量本身就大,一般来说没必要节制。这种情况下主要需要调节,只要不过量,吃多些没关系,但要注意适当锻炼。

同样的,在玩乐方面也需要有一个合理规划。从时下网络高度发达的角度看,我们现在无疑生活在一个非常幸运的时代,因为在网络上我们可以得到很多自己想要的东西,这当然是好事了。就拿多数青少年朋友喜欢的网游来说,网游本身并不坏,它可以增加生活情趣,调节生活。可有人染上网游瘾,那就需要警醒了,沉迷网游是对身心的巨大毒害。那些尚未沾染网瘾或者尚未接触网游的人,一开始就应慎重,树立正确的上网观,玩游戏要注意时间,注意养成良好的习惯。有些人自制力差一点儿,这种情况下不妨请别人做自己的监督员,可以是家长,也可以是同学朋友。选监督员的标准不复杂,首先要敢于制止,愿意管这"闲事";还有就是委托者信服这个人,愿意接受监督,其实就是两厢情愿的事。愿意请监督员的人,起码勇气可嘉,同时也说明他是比较明智的,能够甄别利害,有悔改的想法,只是一时经不起网游的诱惑。那些已经沾染网瘾的人对网游的爱,简直就是痴狂,似乎现实生活中除了网游不能舍弃外,其余的事情都可以跟他无缘,网游就是生活的全部。对于染上网瘾的原因,一方面网游本身的魅力和吸引力是现实中其他东西比不了的;另一方面是这些人逃避现实,不愿意面对现实的压力。因此,要戒除网瘾,可以尝试转移法,转移

到比较轻松、自由的环境和事情中，同时适当减压。

2.尊重他人，拒绝任性

我们每个人作为社会中的人，一言一行、一举一动经常会影响到他人。倘若影响他人的是善言善举，那么一般是会受到欢迎的。但是一个人的不良习惯或者说毛病影响到他人，那就不应该了。我们知道，习惯的力量是巨大的，特别是坏习惯，一旦养成就很难改掉。现实中，有些人做什么事似乎总是随心所欲，丝毫不顾及别人的感受，这是典型的有失礼节的表现，是我们坚决反对的。在做事情时，我们一定要尽量照顾到周围人的感受，根据不同情境对自己的某些行为有所约束和限制，这也是对他人基本的尊重。

同时，在平时也要注意为人处世的方式方法，把握好尺度，重中庸之道，营造和谐氛围。具体如何做呢？积极参与生活实践是第一位的。离开生活实践谈节制都是空谈。参与又有直接参与和间接参与之分。直接的方式就是多跟别人交往，在交往过程中积累经验；间接的方式是通过阅读有关人际交往技巧方面的书籍或者观察别人的成功做法以此为借鉴。

当前，大多数独生子女都很有个性，尤其是 90 后和 00 后，比较明显的特征就是任性。他们从小受长辈们宠爱，总认为自己就是家里的小皇帝或小公主。"除了天大、地大，当属我大"，这是一部分独生子女的真实想法。这样的想法表现在生活中就是想干什么就干什么，大人总得依着他；一旦不顺他的意，马上发脾气、摔东西，甚至打人。这些举动也令很多家长烦恼。从家长的角度说，在爱孩子的方式方法上需要调整一下。可以爱，但最好跟溺爱划清界限。

那么作为孩子应该怎么做呢？首先要尊重和体谅父母，不能"得寸进尺"，应当学乖点儿，努力做一个懂事的孩子。总在长辈面前使性子、耍脾气不是好孩子的做法，也是长辈们不喜欢的。每个人都有点儿脾气，但须在发脾气的次数和程度方面有所节制。

3.劳逸结合，注重效率

每个人都在追寻人生的意义，实际上人生的意义是通过不断的奋斗来体现的。一个人若无追求，怠于奋斗，那么他的人生是没有什么意义的。可以说奋斗是人生的永恒主题。不过在奋斗的过程中也需要把握好度，注重劳逸结合，切不可一味地学习、劳作，要懂得敬重生命。在快节奏的现代社会中，有些人可能会觉得很难做到劳逸结合，因为处处都有竞争。安逸有了，成绩谈不上了；调节有了，发展谈不上了。这种想法确实有点儿道理。不过关键是为劳逸结合铺设前提，即注重提高学习和工作效率。

现代社会的生活给人的压力相当大，每每听到或看到那类过劳死的新闻，心里真不是滋味呢！中央电视台在2012年五四青年节那天做了一期"新闻1+1"，主题是："中青年猝死：真的'猝不及防'"。根据深圳市急救中心的统计，从2012年4月10日到20日，十一天的时间里，120急救中心接报16例中青年猝死的病例，其中14人为男性，2人为女性，8人的年龄还不到40岁，年龄最小的只有22岁，中青年占了一半，这与我们普通认为的老年人是猝死高危人群的印象相去甚远。工作，我们将来或现在都会面对。但工作也只是人生漫长过程中的一件平常事，要勤恳向上，但急功近利千万要不得。现代人职场中奉行的"只看结果、不看过程"，其实是欲速则不达。就好像本山大叔说的，"人生最痛苦的事，人死了，钱没花完"。人体就像一台精密的机器，也是需要保养和维修的，也是有着负荷极限的。而现代白领们却一次又一次挑战这台机器的极限，只顾消耗，不知保养，最终换来的就是机器的崩溃。

时下，学生们的学习负担非常重，但蛮学是不可取的，应注重巧学。比如在学习时间的分配上应更合理一些，注重提高学习效率。有些孩子不注意身体负荷，在学习上搞"5+2"（一周五个工作日加上双休日）、"白加黑"（白天上课，晚上自习），这是十分要命的。知识就是力量，奋斗永无止境，本身没问题，我们仍需继续遵行。但光顾着奋斗、追求知识，不注重各方面负荷的做法很成问题。后果很可能就是，知识、能力和财富离我们近了，可健康甚至生命离我们远了，本该"身体倍儿棒，吃嘛嘛香"的年轻人不是无力应对，就是一个个告别人世，留下了未完的故事和遗憾、悲伤。现在大家压力都比较大，要学会很多释压的方法，尤其是适合于自己的，这个很重要。比如说运动或者旅游，或者跟朋友倾诉。生命首先是自己的，其次才是社会的，因此我们每个人都应当珍爱生命，这样才能有资本为社会服务。而要做到珍爱生命，就需要善待自己的身心，切实注重劳逸结合。

4.明确责任，重视历练

重节操、守气节，首先要做到维护个人的人格尊严和民族尊严，在这些问题上不能随便妥协，要努力捍卫。有人认为要想保持气节就要以丢掉生命为代价，其实这是一种极大的误解。并非对气节的所有坚守都将以生命为代价，那只是一些极端场合，多数情况

下不一定有如此严重的后果，因此不必把坚守气节想象得那么悲惨和可怕。重节操、守气节要解决的核心问题是义利关系问题。能做到义利兼顾固然是好事，但非常态。现实中遇到的情况往往是义利不能兼顾的情形。在这种情形下，人格尊严和民族尊严是坚决不能向私利妥协的。为了一己私利做出卖个人人格和国格的事是要不得的，这也是做人的底线。要铸就民族气节，应当对祖国历史和民族英雄的优秀事迹多了解一些，增强民族自豪感和自信心。其次要明确自己的民族责任，努力确立自觉的民族责任感。就培养做人的气节看，一个人需要加强学习和日常修炼，重视历练，提高自己的人文素养，提高思想认识和政治觉悟，锻炼道德意志，坚定道德信念，努力打造自己合宜得体的处事原则，努力养成一些良好的道德习惯。只有这样，才能在歪风邪气、物欲美色面前不为所动。此外，做事情时，在尊重父母意见的同时也要有自己的主见和信念，不能遇到一点儿困难和外力的影响便放弃自强自立，要做有志之人。

5.志存高远，自强自立

当前，许多家庭只有一个孩子，所以家长们望子成龙、望女成凤的愿望更加热切。与此相应，作为子女应当努力做一个有志向的人。要确立志向也需要首先解决几个认识问题，即认识到有志向和无志向那是大不一样；志向大和志向小也不一样；确立远大的志向是利于自己的，也是利于父母的，但归根结底是利于自己的。有的人错误地认为自己当下的学习是为了父母，而认识不到主要和最终是为了自己好。为什么要强调这个问题？因为对于个人来说，这是一个核心利益和根本利益问题，它的归属决定着确立志向并奋进的动力，因此需要搞明白。说到底，确立志向的目的就是要首先确保"这一生不白活一回"，事实上有"不白活一回"的精气神本身就是一种做人的气节，也是有骨气的表现。

做人是一定要有骨气的。在今天，对于大多数独生子女来说，就意味着培养自强自立的精神，为自己和那些关心自己的人争气，争取靠自己的能力作出点儿成绩让他们看。有的人家境好，在成长的过程中很自然也很容易依赖外在的条件，这样的情况不占少数。利用好条件没错，但不能因此失去应有的骨气。做人还是要有一点儿骨气的，每个人总会有长大以后自己闯世界的那一天，不可能总依赖现成的外部条件。成长于好家境的孩子，一方面要珍惜优越的条件，另一方面要从自身方面下功夫，不能一味依赖家长，要努力做一个有骨气的人，学会自己的事自己做，自己的责任自己担当。有人狂傲地喊出了"我爸是李刚"，我们想说的是，可那毕竟还是你爸，你俩永远不能互相替代，而且你远远没有达到父辈的人生高度。能喊出这样的话的人固然不乏霸气，但是毕竟显得幼稚了些，因为当喊这话的同时，已经自贬其值了。越是家境好的人越应该有骨气。为什么？道理很简单，上辈已经很出色了，本人一定要超越上一辈。这才是真正有骨气。家境一般，甚至不好的人也有充分的理由使自己成为一个有骨气的人。既然家境一般或不好，作为家庭中的一员，有责任、有义务改善家庭条件，要有这样的骨气。可见，有骨气跟自立自强精神有着密切的关联，这就需要逐步培养自立自强意识，提高自强能力。

6.体验生活,从"小"做起

关于如何做到节约消费,首先应当认识到节约的必要性和重要意义;其次就是到生产一线(农村或工厂)去体验生活,真正认识到消费品尤其是粮食的来之不易,认识到挣钱的不易,这是一个很重要的前提。当然很多人也可以从自己身边的人,包括父母的辛劳感受到任何所得都需要付出很多。

要做到节用资源,首先就很有必要了解一些有关资源的知识,特别是我国的资源状况,认识到保护资源、节用资源的紧迫性和重要性,这是一个认识前提。其次就要从日常做起,从小事做起,从身边做起,一点一滴,日积月累,逐渐养成良好的习惯。当然责任心若强一点儿,也可以监督或帮助他人节用资源。这不仅能展现个人的节用美德,也能体现助人为乐的道德情操。

第二辑 菁华篇

JINGHUAPIAN

节

　　《左传》尝载古人之言："大上有立德,其次有立功,其次有立言,虽久不废,此之谓不朽。""立言"为不朽之一,而立道德之言尤为可贵。言者,心之声也。道德之言,乃有德者之心声,故而尤其值得珍视。中国作为礼仪之邦、文明古国,历代不乏高贤大德,而他们都有自己的道德体悟之语。本辑所选是古今道德箴言的菁华。这些箴言名句,是古今高贤大德人生经验的凝结,是他们纯洁、高尚心灵的流露。这些箴言名句,可以朗读,可以背诵,可以欣赏,可以怡情,可以励志,可以开慧,可以大心,可以成德。

背诵部分

君子固①穷,小人穷斯②滥③矣。

——《论语·卫灵公》

注 释

①固:固守,安宁。

②斯:就。

③滥:泛滥,指胡作非为。

解 读

　　大意是,注重道德操守的人面对穷困的境遇时会比较冷静理智,而在道德操守方面稍逊一些的人则会显得很急躁,很可能会胡来,甚至做出一些出格的事。每个人都可能在人生道路上遇到困境,比如人生挫折、事业坎坷、人到了穷途末路等,这些都可以理解为"穷"的范围。到了这些关头,我们应该具有泰然处之的胸襟和气度,既来之,则安之,走出困境,而不应该胡作非为、铤而走险或投机取巧,甚至屈膝变节、苟且偷生。

富贵不能淫①,贫贱不能移②,威武不能屈③。

——《孟子·滕文公下》

解 读

　　大意是,做人要顶天立地,做人要做得像个样子。要在什么时候都能够保持住自己的品质和气节,保证自己在任何时候都能够以同样坚定的意志品质处理事情。做到这些才算得上是真正的大丈夫,算得上是个纯粹的人。不能在富贵的时候就迷失自己,不能在贫贱的时候意志就动摇不定,也不能在受到威胁的时候就屈服。

穷则独善其身①,达②则兼善天下③。

——《孟子·尽心上》

注 释

①独善其身:原意是做不上官就修养好自身,现在指在污浊的环境中能不受干扰地坚持自己的美好品格。

②达:得志,显达。

③兼善天下:使天下人都得到好处。兼善,使大家都有好处,后人改"兼善"为"兼济"。

解 读

大意是,当一个人被时代和社会所器重时,就要负起重任,就要有所作为;在不被人赏识和看重时,也不要自暴自弃,而应当将精力倾注到自己身上,不断地完善自己,提高自己的修养。这样一来,不论是穷困还是腾达,都能给心灵找到一个合适的安置场所。当穷困不得志时,通过"独善其身"的清高来抚慰那颗失落的心;当显达的时机到来时,又可以借助"兼善天下"的豪情使自己的能量尽情地发挥出来。

举世①皆浊我独清②，众人皆醉我独醒。

——战国·屈原《楚辞·渔父》

注 释

①举世：全世界。

②清：干净，清白。

解 读

　　大意是，在这个世上，大家都沉沦在现状中而不明是非，只有我一个人看得清现在的局势。在任何时候，一个人都应当坚持正确的东西，追求真理和正义的事业，而不应随波逐流，迷失自我。一个真正对社会和国家负责任的人会坚持自己的正确主张，不管别人如何非议和诋毁。现实中有的人对社会事态和现象总是人云亦云，这显然是缺乏个人主见的表现，不仅对个人和社会不负责任，而且有可能给社会的发展带来不利影响。

人固^①有一死,或^②重于泰山,或轻于鸿毛^③。

——汉·司马迁《报任安书》

注　释

①固:本来。

②或:有的人。

③鸿毛:鸿雁的毛,比喻极轻,微不足道。

解　读

　　大意是,每个人都会走向死亡,但有的人的死比泰山还重,而有的人的死却比鸿毛还轻。其实,一个人不论是活着,还是死去,都要体现人格和尊严。我们每个人有必要思考这样一个问题:当我们离开人世之后,会留下些什么?这个问题是很有意义的,会促使我们思考人生的价值和意义以及人存在的根本。

捐躯赴①国难，视死忽②如归。

——三国·曹植《白马篇》

注　释

①赴：奔赴。

②忽：轻，把死看得很轻。

解　读

　　大意是，为了解除国难献身，把死亡看作回家一样。这是一种极为淡定和从容的态度，也是高贵品质的体现。每个人在现实生活中都可能要面临各种各样的选择，有的选择容易作出，有的选择是比较难作出的。特别是在大是大非面前，能不能作出明智的选择很大程度上依赖于高尚的道德情操和良好的道德素养。因此，我们需要在平时加强锻炼，使自己的道德修养达到一定的境界。

志士不饮盗泉①之水，廉者不受嗟来之食②。

——南朝·范晔《后汉书》

注 释

①盗泉：古泉名，故址在今山东省泗水县东北，传说人喝了盗泉水就会起盗心。

②嗟来之食：带有不敬意味、有侮辱性的施舍。

解 读

大意是，有志气的人是不会喝不义之水的，清廉的人也不会降低身价接受别人的施舍。做人就要有骨气，哪怕是牺牲自己的利益甚至生命，也绝不能作出辱没骨气和志气的事情，更不能为了获得某种利益而失去自己的气节，失节本身就是对自己人格和尊严的不敬和侮辱。

大丈夫宁可玉①碎,不能瓦②全。

——唐·李百药《北齐书·元景安传》

注 释

①玉:玉器。

②瓦:陶器。

解 读

大意是,宁做玉器被打碎,也不做陶器求保全。比喻宁愿为高尚、正义的事业作出牺牲乃至献身,也不愿苟全性命;宁愿保持高尚的气节死去,也不愿屈辱地活着;宁可什么也不要,也不要不好、不完美的东西。

疾①风知劲②草,板荡③识诚臣。

——唐·李世民《赐萧瑀》

注 释

①疾:急速,猛烈。

②劲:坚韧,韧劲。

③板荡:天下大乱,局势动荡不安。

解 读

大意是,在狂风中才能看出草的坚韧,在乱世里方能显出忠臣的赤诚之心。一个人的高尚情操和崇高气节往往是在非常时期展现出来的,特别是看他在个人切身利益面前能否保持一颗正义之心。

安①能摧眉折腰②事权贵,使我不得开心颜。

——唐·李白《梦游天姥吟留别》

注 释

①安:怎么。

②摧眉折腰:低眉弯腰。形容没有骨气,巴结奉承。

解 读

大意是,怎么能够低三下四地去侍奉那些有权有势的人,这样做让我一点儿都不开心。一个人做人首先应当保持人格的独立,维护自己的尊严,否则处境将是很痛苦和艰难的。

出淤泥而不染，濯^①清涟^②而不妖^③。

——宋·周敦颐《爱莲说》

注 释

①濯：洗涤。

②清涟：水清而有微波的样子，也指清水。

③妖：妖媚。

解 读

大意是，莲花从污泥中长出来，却不受到污染，在清水里洗涤过，但是不显得妖媚。一般来说，我们都承认环境对于一个人的成长和发展的影响作用，不过也需要明白环境的作用是十分有限的，它并不起决定作用，个人的主观因素才是主要的和关键的因素。有时候一个人很难改变现实的环境，特别是对自己不利的环境，这个时候我们要想最终卓尔不群、出类拔萃，就需要尽量将环境的负面影响降到最低，防止近墨者黑。

生当作人杰①,死亦为鬼雄。

——宋·李清照《夏日绝句》

解 读

大意是,活着就要当人中的俊杰,死了也要做鬼中的英雄。这样做跟功利毫无关联,为的是给生命一个交代,给自己一个交代。人活在世上,大多会追问活着的意义,其实这个意义重要的不在于理论沉思,而在于切实的行动实践。为此,应当树立宏伟远大的志向,应当具有百折不回的奋斗精神,因为一个人制定的目标和志向越远大,就越有前进的动力,人生也就越有意义,越能体味出"乘长风破万里浪"的英勇和豪迈气概。

时穷^①节乃见，一一垂^②丹青^③。

——宋·文天祥《正气歌》

注 释

①时穷：时世危困。

②垂：留传，名载史册。

③丹青：在古人写的诗歌中，往往把画家称为丹青手。其实丹青本指庙砂与青镬（huò）两种矿物原料，因其色泽鲜明且不易褪色，以此比喻一个人功绩卓著。又因为丹册多记勋，青册多记事，故"丹青"意同史册。

解 读

大意是，越是在危难的关头，一个人崇高的气节才越能显示出来，这种气节永垂青史。文天祥的这段名言启迪我们，时时刻刻要注意抵制住各种诱惑，不为利诱所逼，不为名利屈节。

人生自古谁无死,留取丹心照汗青①。

——宋·文天祥《过零丁洋》

注 释

①汗青:史册。古代记事以竹简代纸,制简时须用火烤去竹汗(水分),因而称汗青。

解 读

大意是,自古以来谁都免不了一死,死后我也要留下这颗尽忠报国的红心,让它永照史册,表现出崇高的民族气节和舍生取义的生死观。

粉身碎骨浑^①不怕，要留清白^②在人间。

——明·于谦《石灰吟》

注 释

①浑：全，都。

②清白：品行纯洁，没有污点。

解 读

大意是，经过千万次捶打从深山里采出来的石灰，对熊熊烈火的焚烧看得跟平常事一样。即使粉身碎骨又有何畏惧，只为把清白长久保存在人间。比喻一个人即使身体粉碎也不害怕，决心要把高尚的节操留在人间。

石可破也，而不可夺①坚；丹②可磨也，而不可夺赤。

——《吕氏春秋·诚廉》

注 释

①夺：改变。
②丹：朱砂。

解 读

　　大意是，石头可以被击碎，但不能改变其固有的坚硬；朱砂可以被研磨，但不能改变它原有的红色。具有高贵品格的人是不会因外界压力而改变操守的，可以经受住各种考验而决不改变，即使粉身碎骨，精神也是永存的。每个人都应当做一个意志坚定的人。只有认准了方向，意志坚定地行动起来，才能一步一步地向自己的理想靠近。不要因为别人的劝阻或其他的不利因素阻碍就放弃原来的计划和决定，要相信自己一定行。

不役①耳目,百度②惟贞③。玩人丧德,玩物丧志。

——《尚书·旅獒》

注释

①役:被……役使。

②百度:即百事。

③惟贞:即要正当的意思。

解读

大意是,不被耳朵和眼睛等感官欲望所役使,百事的处理就会适当。把心事放在戏弄人上就会丧失道德,把心思放在玩弄器物上就会丧失大志。人生在世,需要乐趣陪伴,但总是沉浸在欢乐中,就不太正常了,事实上在现实中也不可能实现。适当的玩乐是可取的,如果过火了就会对身心健康造成不良的影响。人终究还是要向前看、向前走的,沉迷于玩乐的人是无暇顾及前面的路的。因此,为了实现人生最大的价值,需要在人生道路上有所取舍,有所节制,争取在有限的时间内做更多有意义的事情,而不是把青春年华浪费在无止境的玩乐上。

岁寒①,然后知松柏之后凋②也。

——《论语·子罕》

注 释

①岁寒:一年中的寒冷季节,深冬。
②凋:凋零。

解 读

大意是,到了一年中最寒冷的季节,这才知道松树和柏树是不凋谢的。由此句引出来一个成语"松柏后凋",比喻有志之士在艰险的环境中奋斗到最后,启示我们只有不断地拼搏进取才会实现自己的价值。古人称松、竹、梅为"岁寒三友",赞美它们经冬不凋的品质,也就是赞美那些在艰难困苦中不屈不挠、坚持真理、守卫正义的人们。一般来说,在平常是看不出一个人有什么特别之处的,要在关键时刻才能看出他的才能和品质。只有在艰苦的环境中,才能考验出一个人的品质,只有经过磨难才知道谁是真正的强者。因此,要做品德高尚的人,就要能够经受住严峻的考验,不随波逐流,保持高尚的节操和坚忍不拔的精神。

志士仁人,无求生①以害仁,有杀身②以成③仁。

——《论语·卫灵公》

注释

①求生:谋求生存。

②杀身:牺牲生命。

③成:成全,成就。

解读

大意是,那些有志气和有道德的人是不会为了生命的安全而去做违背仁义的事的,反倒会通过作出自我牺牲来争取真理和成就仁德。生命对每个人来讲都是十分宝贵的,但还有比生命更宝贵的,那就是人的尊严。

故士①穷不失义，达不离道。穷不失义，故士得己②焉；达不离道，故民不失望焉。古之人，得志，泽加于民；不得志，修身见于世。

——《孟子·尽心上》

注释

①士：春秋时期最低的贵族阶层。士受过教育，有专门的知识和才能，后来逐渐成为知识分子的通称。

②得己：自得的意思。

解读

大意是，士在穷困的时候不忘记行义，在得志显达的时候不背离仁道。穷困时不失掉义，所以士就能自得其乐；显达做官时不背离仁道，所以老百姓就不会失望。古代的人，得志的时候给老百姓恩惠和好处；不得志的时候就专心修炼自己的德行。可见，坚守道义是一个人为人处世的原则，不应随境遇而动摇和变化。不管当下的境遇如何，都可以找寻到践行道义的空间。

圣人为政一国,一国可倍①也。大之为政天下,天下可倍也。其倍之,非外取地也。因其国家,去其无用,足以倍之。圣王为政,其发令兴事②,使民用财③也,无不加用④而为者,是故用财不费,民德不劳,其兴利多矣。

——《墨子·节用上》

注释

①可倍:可扩大一倍。

②兴事:兴办事业。

③使民用财:役使民众,动用财力。

④加用:增加耗费。

解　读

　　大意是，圣明的人治理一个国家，这个国家的利益就会扩大一倍。若再大一些，治理整个天下，天下的利益也可以扩大一倍。所取得的成倍的利益，并不是靠夺取别国的土地、扩大疆土而增加的，而是根据国家的实际情况，节省了无用的耗费，就足以使国家的利益成倍增长。圣明的君主治理国家、天下，发布命令，兴办事业，动员民众，动用财力，而不会额外地增加负担和费用，因此费用不多，百姓不劳累，而获得的利益则是多方面的。可见，国家的治理是一件体现智慧的大事，在兴办事业中需要考虑到社会的承受能力，特别是老百姓的承受力。如果某项政策不得人心，而又强行推行，那么很可能劳民伤财，怨声载道，得不到任何好结果。

不为^①穷变节,不为贱^②易志。

——汉·桓宽《盐铁论·地广》

注 释

①为:因为。

②贱:地位低下。

解 读

　　大意是,一个人不能穷了就改变气节,地位低了就改变志向,这些都是不争气的表现。而应当是人穷志不穷,越是在艰难困苦中,越应该挺起铮铮傲骨,做一个有志气、顶天立地的人。

良将不怯死以苟免①，烈士不毁节以②求生。

——西晋·陈寿《三国志》

注 释

①苟免：苟且求免，偷生避祸。

②以：为了。

解 读

大意是，优秀的将士不会贪生怕死，刚烈的战士不会为了求得生存而毁掉自己的节操。干任何一行及任何事都讲求"道"，也就是一定的规矩，或者说职业操守，离开一定的操守将很难做成事、做好事。

　　夫人生而有情,情发而为欲。物见于外,情动于中,物之感人也无穷,而情之所欲也无极,是物至①而人化也。人化也者,灭天理矣。夫欲至无极,以寻难穷之物,虽有圣贤之姿②,鲜不衰败。故修身治国之要,莫大于节欲。

——三国·桓范《世要论·节欲》

注 释

①至:极致,顶点。

②姿:资质,素质。

解 读

　　大意是，人天生就有情感，情感表达出来就是欲望。人一接触外物，内心就会马上产生某种情感。外界事物是无穷无尽的，相应的，人的情感需求也是无止境的，一旦发展到极致，人也就被物化了。人的欲望是绝对没有尽头的，要想追寻难以穷尽的外物，是很困难的事。即使具有圣贤的资质，也很少有不失败的。因此，在修身和治国的诸要件中，没有比节欲更重要的了。人们不可能穷尽对外物的探寻，只能无限接近这个世界。所以在更多的情况下，在自己的能力所及范围内，做到适可而止就很好。

弃燕雀①之小志，慕鸿鹄②以高翔。

——南朝·丘迟《与陈伯之书》

注 释

①燕雀：比喻眼界狭小、不开阔的人。

②鸿鹄：天鹅，比喻胸怀远大志向的人。

解 读

大意是，舍弃小麻雀般的小志向，而应该像天鹅一样展翅高飞。一个人若立志，就应当立远大的志向，只有这样才可能获取更大的动力。很多事例已经证明，一个人所取得的成就大小与他所确立的人生志向高远与否有很大关系的。一般来说，一个人的人生动力与其人生志向是成正比例关系的。一个人若确立了远大的志向，他就会有更大的动力去为之奋斗。

夫生不可不惜，不可苟①惜。涉险畏之途，干祸难之事，贪欲以伤身，馋慝②而致死，此君子之所惜哉；行诚孝而见贼③，履仁义而得罪，丧身以全家，泯躯④而济国⑤，君子不咎⑥也。

——南朝·颜之推《颜氏家训·养生》

注 释

①苟：苟且。

②馋慝(tè)：讲谗言，做坏事。

③见贼：被害。

④泯躯：献身。

⑤济国：利国，救国。

⑥咎：归罪，指责。

解 读

大意是,生命不可以不珍惜,但也不可以苟且地活着。走艰险的道路,做招致灾祸、磨难的事情,贪心过重,纵欲过度以致危害生命,进谗言,做坏事而导致被杀,这是君子所痛惜的。如果为了践行诚信和孝道而被害,践行仁义而遭刑法处置,牺牲自己来保全家庭,为国家利益而牺牲生命,这是君子不予指责的。可见,假如一个人是为活着而活着,那是没有多大意义的。人生在不断地追求自己的意义,只有活得精彩、充实,为社会、国家贡献自己的一分力量,才能真正体现出自己的人生价值。

见利争^①让，见义争为，有不善争改。

——王通《中说·魏相》

注 释

①争：争着，抢着。

解 读

大意是，见到利益就让开，见到合乎意义的事就争着去做，有不完善的地方就改正。这是一个人有高尚道德情操的体现。在社会主义现代化建设的新时期，尤需提倡见困难就上、见荣誉就让、见先进就学、见后进就帮的良好社会道德风尚。

凡言节用,非偶节一事,便能有济①。当每事以节俭为意,则积久累日,国用②自饶。

——《宋史·王岩叟传》

注释

①有济:有用,起作用。

②国用:国家的财富。

解读

大意是,凡说到节约,并不是指偶尔在一件事上节约就可以起作用,而是应当在生活中的每一件事上都注意节俭。这样长期坚持下去,国家的财富就会积累起来,用度自然也就充足了。节约是日常之事,需要我们每一个人从自己身边做起,从一件件小事做起,只有这样,才能真正见到实效。

侈则多欲。君子多欲则念慕①富贵，枉道速祸②。

——宋·司马光《训俭示康》

注 释

①慕：向往。

②枉道速祸：用不正当的手段谋取利益必然招致祸患。

解 读

大意是，一个人如果生活得奢侈，那么贪欲就多，贪欲多了就想拥有富贵，就会徇私枉法，招来祸患。人的欲望是无止境的。即使当下看来是豪华的生活，也总有不满足的那一天出现。随着欲望的膨胀，可能就会做出各种违法乱纪的事情。假如一个人善于把控自己，在追求自己需求的道路上没有越出一定的界限，那么生活就会过得心安自得。

名节^①重泰山，利欲轻鸿毛。

——明·于谦《无题》

注 释

①名节：名誉，气节，操守。

解 读

大意是，名誉和气节比泰山还要重，利益和欲望比鸿毛还要轻。这句诗启示我们要注重名节，在个人利益与名节发生矛盾时，应当把名节放在第一位，不要为了贪图利欲而违背原则，不要为了追求私欲而失去操守，不要为了谋求一己之利而不顾及自己的名声。

三生^①不改冰霜操,万死常留社稷^②身。

——明·海瑞《谒先师顾洞阳公祠》

注 释

①三生:佛家术语,指前生、今生、来生。
②社稷:国家。

解 读

大意是,决不改变自己冰霜般高洁冷傲、不卑不亢的性格,哪怕是死也要坚守自己的道德情操,为了国家和人民甘愿奉献自己的一切。一个人的节操是不可以轻易变更的,它是人格高尚的象征,也是保家卫国,服务社会和人民的必要条件。

咬定①青山不放松,立根原在破岩②中。千磨万击还坚劲,任尔③东南西北风。

——清·郑燮《竹石》

注 释

①咬定:比喻根扎得结实,像咬着不松口一样。

②破岩:岩石的缝隙。

③尔:那。

解 读

大意是,青竹咬住了青山一直都不放松,根须深深地扎入岩石的缝隙之中。经历狂风千万次的吹打折磨依旧坚硬如铁,任凭那东南西北风猛刮,也吹不倒它。人应当像扎根于岩缝中的竹子一样,具备百折不挠、坚忍不拔的品质,只有这样才能抵御社会上的各种风浪。

渴不饮盗泉①水，热不息恶木②阴。

——西晋·陆机《猛虎行》

注 释

①盗泉：古泉名，故址在今山东省泗水县东北，传说人喝了盗泉水就会起盗心。

②恶木：有毒、有刺的树木。

解 读

大意是，再渴也不喝盗泉的水，再热也不在有毒的树下乘凉。特定的艰苦环境最能考验人，一个人若能抵挡得住他最需要的东西的诱惑，足见他的气节相当高贵。做人要有骨气，要有较强的抵制力，这样才能在艰难困苦中崛起，在荣华富贵和功名利禄面前不栽跟头。

志当存①高远。

——三国·诸葛亮《诫外甥书》

注 释

①存：怀有，怀着。

解 读

大意是，人应当怀抱高远的志向、崇高的理想。在生活中不要畏首畏尾，要开阔视野，不要为了一些小事而烦恼。要想做成大事，要想取得成功，树立远大的志向是十分必要的，它是人生的航标，也是前进的动力。

君看磊落士①，不肯易其身②。

——唐·杜甫《三韵三篇》

注 释

①士：指读书人。

②身：统指人的地位、品德。

解 读

大意是，看看那些光明磊落的人，他们都不肯改变自己的节操。

男儿徇①大义②,立节不沽名③。

——唐·聂夷中《胡无人行》

注 释

①徇:舍身。

②大义:正道,正义的道理。

③沽名:故意做作或用某种手段谋取名誉。

解 读

大意是,男子汉大丈夫会为了正义而献身,但树立节操不是为了谋求名利。节操是一个人之所以为人的根本所在,它与外在的功名利禄不应有直接关联。节操与道义和真理密切相关,因此我们需要始终行正道、守正义,坚持真理、追求真理。

志不立①，天下无可成之事。

——明·王阳明《训俗遗规》

注 释

①立：树立。

解 读

　　大意是，没有志向，就做不成事情。一个人有了明确的目标和远大的理想，才会朝气蓬勃，勇往直前。而且无论选择什么样的志向，要想实现都必须持之以恒、矢志不渝，需付出艰苦的努力，绝不能朝三暮四。三百六十行，行行出状元，无论干什么，都要下功夫干成、干好。

若是效真人①，坚心如铁石。不谄②亦不欺，不奢复不溺③。

——唐·孟郊《择友》

注 释

①真人：指品行端正的人。

②谄：讨好，奉承，巴结。

③溺：无节制，意即放纵私欲。

解 读

大意是，向品行端正的人学习、效仿，就应当做到意志十分坚决，不对上巴结、对下欺压，也不过分享受、全无节制。一个人坚守做人的原则对于成就自我和为人处世都非常重要，意志坚定，就可以战胜各种困难和挫折；品行端正，就可以对人一视同仁，不做势利小人。生活中那些巴结强者、欺负弱者的人是为人所不齿的。

镜破不改光,兰①死不改香。

——唐·孟郊《赠别崔纯亮》

注释

①兰:香草。

解读

大意是,镜子就是破了烂了,拿个镜片,光照样不会改的;花枯死了,但它的香气还在。比喻高洁自持、洁身自爱、坚贞不渝、矢志不改的情操。

贞松标①于岁寒,忠臣亮②于国危。

——唐·房玄龄《晋书》

注 释

①标:显扬。

②亮:显露,显示。

解 读

大意是,松树到了天气寒冷的时候才会表现出它的坚贞,忠诚的大臣在国难当头才能展现其高尚节操。一个人的节操往往会在关键时刻得到充分的展现,而且关键时刻展现出来的崇高气节往往也会起到十分关键的作用。因此我们在关键时刻决不能轻易放弃,要经受住各种考验。

　　为人①进出的门紧锁着,为狗②爬出的洞敞开着,一个声音高叫着:爬出来吧,给你自由!我渴望自由,但我深深地知道,人的身躯怎能从狗洞子里爬出!我希望有一天,地下的烈火,将我连这活棺材一齐烧掉,我应该在烈火与热血中得到永生!

——叶挺《囚歌》

注 释

①人:这里的人可理解为有尊严、有骨气的革命者。

②狗:这里的狗喻指苟且偷生、放弃理想和尊严的叛徒小人。

解 读

　　大意是,人人都渴望获得自由,但是作为人不能因此降低身份,委曲求全,表现了诗人坚强的意志和坚韧的品格。做人应有一定的原则,这个原则就包含要坚守正义的品行。

取之有度,用之有节,则常足①。

——宋·司马光《资治通鉴·卷二百三十四》

注释

①足:富足。

解读

大意是,有计划地索取、有节制地消费,就会常保富足。无计划地索取、无节制地消费,不仅使自己在经济方面显得被动,而且也会给社会带来不少不良的影响。从某种意义上说,节制消费也是创造财富的一种方式。

历览前贤①国与家，成由勤俭败由②奢。

——唐·李商隐《咏史》

注 释

①前贤：历史上的贤人，就是有成就、有道德的人。

②由：由于，因为。

解 读

大意是，尽看前朝旧事，成功来自勤俭节约，奢侈浪费最终会导致国破家亡。在创造财富的过程中，如果不能进行有效的规范和管理，不能把创造出来的财富积累下来，就意味着创造无实际意义。节俭会增强勤奋的动力。一个善于节俭的国家，也会是一个有光明前途的国家。

一粥一饭,当思来之不易;半丝半缕,恒念①物力维②艰。

——明·朱柏庐《朱子治家格言》

注 释

①恒念:常常想到。

②维:表示判断,相当于"乃""是""为"。

解 读

大意是,即使是一顿粥、一顿饭,也应当想到它来得不容易;即使是半根丝、半根线,也要想到劳作的艰辛。告诫人们要勤俭节约,不要铺张浪费。要从小事做起,养成勤俭节约的良好习惯,千万不要把日常的事物看轻了,要知道父母谋衣谋食的艰难,桩桩件件来之不易。它包含着饮水思源、不要忘本的意思在内。

想要的东西太多，又没有能力用正当的途径获得，于是便铤而走险①，结果连原本属于自己的那份也丢失。

——汪国真《贪婪》

注释

①铤(tǐng)而走险：指在无路可走的时候采取冒险行动。

解读

大意是，一个人应根据自己的能力来得到想要的东西；超出自己能力范围的欲望很可能使自己得不偿失，甚至失去老本。现实中有些人嗜金成癖，他们并不是缺钱，而是十分爱钱、贪钱，其实这是一种极端的行为。一个人有一点儿贪欲也算正常，但是贪性如果走向了极致，而这个人的手中又握有或大或小的权力，这样，爱占小便宜的成了小贪，有能力的成了中贪，位高权重的则可能成为巨贪，这对社会来说就太可怕了。因此，一个人对任何东西都不可太贪。

第三辑

范例篇

FANLIPIAN

中国人的美德

ZHONGGUOREN
DEMEIDE

节

　　鲁迅先生曾在《中国人失掉自信力了吗》一文中说过："我们从古以来，就有埋头苦干的人，有拼命硬干的人，有为民请命的人，有舍身求法的人……虽是等于为帝王将相作家谱的所谓'正史'，也往往掩不住他们的光耀，这就是中国的脊梁。"本辑所选正是作为中国人道德脊梁的行为故事。他们以自己的实际行动诠释了什么是道德上的崇高。这些故事不过是古往今来具有高尚道德情操的中国人的行为范例之沧海一粟。虽然他们的行为有其时代的烙印和局限，但正因其为后人立德，故而获得了不朽的意义。

伯夷、叔齐宁死不食周粟

　　伯夷与叔齐作为殷商的臣子,他们认为即使纣王无道,周也没有理由推翻商王朝的统治。他们反对改朝换代,是商王朝的坚定拥护者。

　　伯夷、叔齐在武王和姜子牙军前叩马而谏,反对武王伐纣,失败之后,不食周粟,最终饿死在首阳山上,这是个很有名的传说。历代的思想家对伯夷和叔齐的做法多给予肯定的评价。《论语》中记载,一天孔夫子的学生子贡向他问道:"伯夷、叔齐是什么样的人呢?"孔子说:"古人中的贤人。"孟子也说:"伯夷,眼睛不看不好的事物,耳朵不听不好的声音,是圣人之中清高的人。"唐代文学家韩愈还写了一篇《伯夷颂》,对伯夷、叔齐反对武王伐纣的行为大加颂扬。

　　伯夷和叔齐是孤竹国(约在今天秦皇岛北戴河一带)国君的两个儿子。父亲原想立老三叔齐继承君位,可是父亲死后叔齐却想把君位让给大哥伯夷。伯夷说:"这是父亲的遗命,不能改。"于是逃走了。叔齐不肯继承君位,也逃走了。朝中的臣子们只好拥戴老二为君。

　　伯夷、叔齐兄弟二人听说周文王优待老人,就跑去投奔文王。哪知刚到周国,文王又死了。武王不等安葬了父亲,便打着文王的旗号兴兵伐纣。两个彼此推让王位的贤人君子对武王的举动很不赞成,便在武王进军的路上拦住马头进谏,指责武王父死不葬,却大动干戈,是为不孝;身为纣的臣子,却要去杀纣,是为不仁。言外

之意,是说武王是个不孝不仁的君主。武王左右的卫士一听这两个书呆子的话,都大动肝火,操起兵器想砍了他们。姜太公赶忙喝住卫士,说:"这两人也算是明白大义啊!"便叫几个卫士搀扶着二人离开了。

伯夷、叔齐一看武王不接受他们的谏阻,一气之下便跑到首阳山上隐居起来。后来听说武王灭了纣,两位老先生感到吃周朝的粮食可耻,便每天采些薇菜来充饥。

一天,两个人正在山上采薇,遇见一个妇人走过来问他们:"我听说你们二位都是贤人,为了大义而耻于吃周朝的粮食,可是你们采的这些薇菜也是周朝的呀,为什么又要吃它呢?"问得两个人羞愧难当,无话可说,感情上受了很大刺激,从此身体一天天瘦弱下去。每当采薇时,他们耳边就回荡起那个妇人的声音。

正当两个老人日渐羸弱的时候,山上又来了个叫王摩子的人,是个很有学问的大夫,也用同样的话诘难他们:"老先生不食周朝的粮食,却隐居在周朝的山上,吃着长在周朝山上的野菜,这又叫人如何理解呢?"逼得两个老人无路可走,只得伤心流泪,连薇菜也不采了,最终两人饿死在首阳山上。

伯夷、叔齐兄弟在当时的历史条件下,不为王位相争而相让是可贵的。因此有关伯夷、叔齐的美德故事,自古以来就广为人们传颂,对于谦恭揖让的民族传统的形成产生过非常重要的影响。

屈原宁死不易节

战国时期楚国大夫屈原忠心报国、倡导改革、力主抗秦,没有跟当时的奸臣们站在一边,因而遭到他们的陷害,被革职流放。他因为不愿过随波逐流的生活,最后决心以死唤醒楚国人民。

屈原(约公元前340—公元前278年)是战国时期楚国人,伟大的爱国诗人。

自从被秦国打败以后,楚国一直受秦国欺负,楚怀王又想重新和齐国联合。秦昭襄王即位以后,很客气地给楚怀王写信,请他到武关(在陕西丹凤县东南)相会,当面订立盟约。楚怀王接到秦昭襄王的信拿不定主意:不去呢,怕得罪秦国;去呢,又怕出危险。他就跟大臣们商量。

大夫屈原对楚怀王说:"秦国残暴得像豺狼一样,咱们受秦国的欺负不止一次了。大王一去,很可能中他们的圈套。"

可是怀王的儿子公子子兰却一个劲儿劝楚怀王去,说:"咱们把秦国当作敌人,结果死了好多人,又丢了土地。如今秦国愿意跟咱们和好,怎么能推辞人家呢?"楚怀王听信了公子子兰的话,就上秦国去了。果然不出屈原所料,楚怀王刚踏进秦国的武关,立刻被秦国预先埋伏下的人马截断了后路。在会见时,秦昭襄王逼迫楚怀王把黔中的土地割让给秦国,楚怀王没答应。秦昭襄王就把楚怀王押到咸阳软禁起来,要楚国大臣拿土地来赎才放他。楚国的大臣们听到国君被扣押,立太子为新的国君,拒绝割让土地,这个国君就是楚顷襄王，公子子兰当了楚国的令尹。

　　楚怀王在秦国被扣押了一年多，吃尽苦头。他冒险逃出咸阳，又被秦国派兵追捕了回去。他连气带病，没过多久就死在秦国。楚国人因为楚怀王受秦国欺负，死在外头，心里很不平。特别是大夫屈原，更是气愤。他劝楚顷襄王搜罗人才，远离小人，鼓励将士，操练兵马，为国家和怀王报仇雪耻。可是他的这种劝告不但无济于事，反倒招来了令尹子兰和靳尚等人的仇视。他们天天在楚顷襄王面前说屈原的坏话。

　　他们对楚顷襄王说："大王没听说屈原数落您吗？他老跟人家说，大王忘了秦国的仇恨，就是不孝；大臣们不主张抗秦，就是不忠。楚国出了这种不忠

不孝的君臣,哪儿能不亡国呢?大王,您想想这叫什么话!"楚顷襄王听了大怒,把屈原革了职,放逐到湘南去。屈原抱着救国救民的志向,怀着富国强民的打算,反倒被奸臣排挤出去,简直气疯了。到了湘南以后,他经常在汨罗江(在今湖南省东北部,汨音 mì)一带一边走一边唱着伤心的诗歌。

附近的庄稼人知道他是一个爱国的大臣,都很同情他。有一个经常在汨罗江上打鱼的渔夫很佩服屈原的为人,但就是不愿看到他那愁闷的样子。有一天,屈原在江边遇见渔夫。渔夫对屈原说:"您不是楚国的大夫吗?怎么会弄到这等地步呢?"屈原说:"许多人都是肮脏的,只有我是个干净人;许多人都喝醉了,只有我还醒着。所以我被赶到这儿来了。"渔夫不以为然地说:"既然您觉得别人都是肮脏的,就不该自命清高;既然别人喝醉了,那么您何必独自清醒呢!"屈原反对说:"我听人说过,刚洗完头的人总要把帽子弹弹,刚洗完澡的人总是喜欢掸掸衣上的灰尘。我宁愿跳进江心,埋在鱼肚子里去,也不能拿自己干净的身子跳到污泥里,去染得一身脏。"他决心以此来唤醒楚国人民,拯救自己的国家。

公元前 278 年,楚都被秦军攻破。屈原眼看亡国迫在眉睫,而自己却无力挽救楚国灭亡,万分悲痛,也不愿意随波逐流地活着。农历五月初五这天,他来到汨罗江边,抱石投江而去。附近的庄户人得到信儿后都划着小船去救屈原。可是一片汪洋大水,哪儿有屈原的影儿。大伙儿在汨罗江上捞了半天,也没有找到屈原的尸体。渔夫很难受,他对着江面,把竹筒子里的米撒了下去,算是献给屈原。到了第二年五月初五那一天,当地的百姓想起这是屈原投江一周年的日子，又划了船用竹筒子盛了米撒到水里去祭祀他。后来，他们又把盛着米的竹筒子改为粽子，划小船改为赛龙船。这种纪念屈原的活动渐渐成为一种风俗，人们把每年农历五月初五称为端午节。

屈原死后，留下了一些优秀的诗歌，其中最有名的是《离骚》。他在诗歌里，痛斥卖国的小人，表达了他忧国忧民的心情，对楚国的一草一木都寄托了无限的深情。人们认为屈原是我国古代杰出的爱国诗人。

苏武牧羊

汉武帝时,苏武奉命持节出使匈奴,被匈奴人扣留,他誓死不降,在北海边牧羊19年,后被释放。苏武被后世视为坚持民族气节的典范之一。

苏武(公元前140—公元前60),字子卿,杜陵(今陕西西安)人,是西汉尽忠守节的著名人物。根据当时的官僚制度规定,父亲是做官的,他的儿子可以先从品级较低的郎官入仕做官。苏武的父亲是官员,他自己也是先任郎官,然后逐步升迁。在汉武帝天汉元年,即公元前100年,他以中郎将之职奉命出使匈奴。由于匈奴的缑王谋划劫持单于母亲归顺汉朝,而苏武的副使张胜牵涉在内,因此苏武也受到牵连。

匈奴单于为了逼迫苏武投降,开始时将他幽禁在大窖中,苏武饥渴难忍,就以吃雪和旃毛维生,但绝不投降。单于又把他弄到北海(今贝加尔湖),苏武更是不为所动,依旧手持汉朝符节,牧羊为生,表现了顽强的毅力和不屈的气节。昭帝即位后,汉朝和匈奴和亲,汉朝要匈奴送还苏武等使臣,但单于却诡称苏武已经死去。

后来,汉朝使者又到了匈奴地区,终于得知苏武仍然活着,聪明的汉使就在同匈奴单于会面的时候,说:"我大汉皇帝陛下在上林苑射下了一只雁,这雁的脚上绑着一张帛书,上面写着苏武现在在北海,你怎么能说他死了呢?"单于一听大惊,只得将苏武等九人放回汉朝。

节

从公元前 100 年到公元前 81 年，苏武整整被匈奴扣留了 19 年。出使时，苏武还是个正当盛年、刚刚 40 岁的人；而回到汉朝时，他已年近花甲，头发、胡子全都白了。即使如此，在他回到长安时，他也不忘拿着那支已经掉光了毛的汉节，道路两边迎接他的百姓无不感动，都交口称赞他是真正的大丈夫！

文天祥留取丹心照汗青

文天祥(1236—1283),吉州庐陵(今江西吉安)人,原名云孙,字履善,又字宋瑞,自号文山。选中贡士后,他以天祥为名,宋理宗宝佑四年(1256年)中状元,历任签书宁海军节度判官厅公事、刑部郎官、江西提刑、尚书左司郎官、湖南提刑、知赣州等职。

宋恭帝德佑元年(1275年)正月,因元军大举进攻,宋军的长江防线全线崩溃,朝廷下诏让各地组织兵马勤王。文天祥立即捐献家资充当军费,招募当地豪杰,组建了一支万余人的义军,开赴临安。宋朝廷委任文天祥为知平江府,命令他发兵援救常州,旋即又命令他驰援独松关。由于元军攻势猛烈,江西义军虽英勇作战,但最终也未能挡住元军兵锋。

次年正月,元军兵临临安,文武官员都纷纷出逃。谢太后任命文天祥为右丞相兼枢密使,派他出城与伯颜谈判,企图与元军讲和。文天祥到了元军大营,却被伯颜扣留。谢太后见大势已去,只好献城纳土,向元军投降。

元军占领了临安,但两淮、江南、闽广等地还未被元军完全控制和占领。于是伯颜企图诱降文天祥,利用他的声望来尽快收拾残局。文天祥宁死不屈,伯颜只好将他押解北方。行至镇江,文天祥冒险出逃。不久,文天祥联络各地的抗元义军,坚持斗争。祥兴元年(1278年)夏,文天祥得知南宋行朝移驻厓山,为摆脱艰难处境,便要求率军前往,与南宋行朝会合。由于张世杰坚决反对,文天祥只

好作罢,率军退往潮阳县。同年冬,元军大举进攻,文天祥在率部向海丰撤退的途中遭到元将张弘范的攻击,兵败被俘。

文天祥服毒自杀未遂,被张弘范押往厓山,让他写信招降张世杰。文天祥说:"我不能保护父母,难道还能教别人背叛父母吗?"张弘范不听,一再强迫文天祥写信。文天祥于是将自己之前所写的《过零丁洋》一诗抄录给张弘范。张弘范读到"人生自古谁无死,留取丹心照汗青"两句时,也不禁受到感动,不再强逼文天祥了。

元世祖首先派降元的留梦炎对文天祥现身说法,进行劝降。文天祥一见留梦炎便怒不可遏,留梦炎只好悻悻而去。元世祖又让降元的宋恭帝赵显来劝降。文天祥北跪于地,痛哭流涕,对赵显说:"圣驾请回!"赵显无话可说,怏怏而去。元世祖大怒,于是下令将文天祥的双手捆绑,戴上木枷,关进兵马司的牢房。文天祥入狱十几天,狱卒才给他松了手缚;又过了半个月,才给他褪下木枷。

狱中的生活很苦,可是文天祥强忍痛苦,写出了不少诗篇。《正气歌》等气壮山河的不朽名作就是在狱中写出的。

元世祖召见文天祥,亲自劝降。文天祥对元世祖仍然是长揖不跪。元世祖十分气恼,于是下令立即处死文天祥。次日,文天祥被押解到刑场。监斩官问:"丞相还有什么话要说?回奏还能免死。"文天祥喝道:"死就死,还有什么可说的。"他问监斩官:"哪边是南方?"有人给他指了方向,文天祥向南方跪拜,说:"我的事情完结了,心中无愧了!"于是引颈就刑,从容就义。文天祥死时年仅47岁。

为了坚持民族气节和尊严而坚决抵抗、视死如归的文天祥是当之无愧的民族英雄!

史可法："数点梅花亡国泪,二分明月故臣心"

史可法,明朝南京兵部尚书、东阁大学士,率领扬州军民与围城清兵浴血奋战,但终因寡不敌众,城破被俘。他忠贞不屈,英勇就义,是我国著名的民族英雄。

史可法,崇祯元年(1628年)进士,官至兵部尚书。南明弘光政权建立后,史可法以东阁大学士、兵部尚书督师扬州。

崇祯帝在煤山上吊自杀的消息传到明朝陪都南京,南京的大臣们一片慌乱。他们立了一个逃到南方的皇族——福王朱由崧做皇帝,在南京建立了一个政权,历史上把它叫作南明,把朱由崧称为弘光帝。弘光帝即位以后,史可法主动要求到前方去统率军队。史可法在南方将士中威信高,大家都称呼他史督师。史可法以身作则,跟兵士同甘共苦,受到将士们的爱戴。

没多久,清军在多铎的带领下大举南下。史可法指挥四镇将领抵抗,打了一些胜仗,可是南明政权内部却起了内讧。史可法明知道清军压境,不该离开,但是为了平息内争,不得不带兵回南京。刚过长江,知道左良玉已经兵败,他急忙回江北,可此时清兵已经逼近扬州。

史可法发出紧急檄文,要各镇将领集中到扬州守卫。但是过了几天,竟没有一个发兵来救。史可法知道,只有依靠扬州军民孤军奋战了。清军到了扬州城下,领兵的是定国大将军多铎。多铎先派人到城里向史可法劝降,一连派了五个人,都被史可法拒绝。多铎恼羞成怒，下令把扬州城紧紧包围起来。扬州城危急万分，城里一些胆小的将领害怕了。第二天，就有一个总兵和一个监军背着史可法，带着本部人马，出城向清军投降。这样一来，城里的守卫力量就更薄弱了。史可法把全城官员召集起来，勉励他们同心协力，抵抗清兵，并且分派了守城的任务。他分析一下形势，认为西门是最重要的防线，就亲自带兵防守西门。将士们见史可法坚定沉着，都很感动，表示一定要和督师一起，誓死抵抗。

多铎命令清兵没日没夜地轮番攻城。扬州军民奋勇作战，把清兵的进攻一次次打回去。清兵死了一批，又来了一批，形势越来越危急了。多铎下了狠心，开始用大炮攻城。他探听到西门防守最严，又是史可法亲自防守，就下令炮手专向西北角轰击。炮弹一颗颗在西门门口落下来，城墙渐渐塌了，终于被轰开了缺口。史可法正在指挥军民堵缺口，大批清军已经蜂拥着冲进城来。史可法眼看城已经没法再守，拔出佩刀往自己脖子上抹。随从的将领们抢上前去抱住史可法，把他手里的刀夺了下来。史可法还不愿走，部将们连拉带劝地保护他出了小东门。这时候，有一批清兵过来，看见史可法身着明朝官员的装束，就吆喝着问他是谁。

史可法怕清兵伤害别人，就高声说："我就是史督师，快带我去见你们的头领吧！"史可法被俘后，多铎以宾礼相待，口称先生，当面劝降，许以高官厚禄。史可法骂不绝口，严词拒绝："我为朝廷大臣，岂肯偷生为万世罪人！吾头可断，身不可辱，愿速死，从先帝于地下。""城亡与亡，我意已决，即碎尸万段，甘之如饴。但扬城百万生灵，不可杀戮！"史可法最终壮烈牺牲于南城楼上，年仅44岁。多

铎因为攻城的清军有很大伤亡,心里恼恨,竟灭绝人性地下令屠杀扬州百姓。大屠杀持续了十天才结束,历史上把这起惨案称作"扬州十日"。

　　"数点梅花亡国泪,二分明月故臣心",这是写在"史可法纪念馆"的楹联,言简意赅的内容,雄壮雅健的笔墨,使海内外嘉宾赫然领略到史可法"吾誓与城为殉"的凛然正气、飒飒风采。

陈嘉庚的节俭作风

　　陈嘉庚是著名的爱国华侨,也是著名的富翁,但是他却没有忘记自己的创业经历,一直保持着朴素的家风,对子女的要求十分严格。

　　20世纪50年代初期,陈嘉庚在厦门的办公室兼卧房是这样的:一张木床,挂有一顶发黄的且有补丁的蚊帐;一张木桌,上面放着一个倒扣的破瓷碗,碗上立着半根蜡烛;两张破沙发不成对,一个是新修过的,一个是旧的;一个破旧的木茶几摆在中央,上面放有一个盛糖的瓷盘。他就在这样的办公室里,接待时任上海市长的陈毅,只不过茶几瓷盘上多了一斤糖块。但他事后还批评下属:"买那么多干什么?首长最多尝一两颗,买二两糖果就足够了。"

　　辛亥革命以后,已是名震东南亚的大富翁陈嘉庚回到了厦门。这个消息迅速在厦门传开了。他回来时,亲朋好友都聚集在厦门码头等待,儿子阿国自然也来了,大家欢天喜地地把陈嘉庚迎回了家。

　　一回到家,陈嘉庚不顾旅途的劳累,立刻工作起来。当他查到阿国生活费的账目时,脸色顿时变了,立刻派人把阿国找来。听说父亲找他,阿国赶紧跑来,心想,爸爸这次肯定是带来不少钱。"阿爸,进才叔要你给他八百块钱,金香姨要一幢房子,我想……"

　　"你想什么?"

　　"我想……我想……"看父亲满脸不高兴,阿国也慌了。

　　"你说,我每月给你的八块银圆的生活费都花哪儿去了?"

　　阿国低下了头,嘟囔着说:"那点钱哪够花呀!"

陈嘉庚却把账本一扔,气愤地说:"你知道不知道,集美师范的许多学生,每个月的助学金只有四块银圆,还能节省一半寄回家。跟他们比一比,你知不知道害羞啊?"

阿国很不服气。他说:"他们都是穷学生,咱们家又不差那几个钱。"

陈嘉庚一听更生气了,他用拐棍指着阿国说:"怎么,你觉得爸爸太小气了,太认真了?"

陈嘉庚努力平息着心中的怒气,说:"阿国,我这也是为了你好。要是你这么小就养成了大手大脚乱花钱的习惯,以后怎么能成就大事呢?"

说完,陈嘉庚把账本摊到阿国面前,严厉地说:"阿国你听好了,说实话,凭我们现

在的家产，完全可以过上悠闲的生活，住高级别墅，吃美味佳肴。可是我的钱取之于社会，也要用之于社会，决不能随便挥霍！阿国，你也太胆大妄为了，竟敢在集通银行支领十块银圆。我已经通知账房，从下个月起在你的生活费中每月扣回两块银圆，五个月内扣清。"

阿国心里十分委屈，又不敢说什么，只得恭敬地退了出来。更令他吃惊的是，董事会的叔叔们为爸爸精心布置的那些豪华家具不见了，房间里摆的仍然是一张旧木床、一顶旧蚊帐。床前放着的那双皮鞋是爸爸从新加坡穿来的，已经打了两处补丁了。看了这些，阿国惭愧得低下了头，终于明白了爸爸的良苦用心。

从此，阿国在生活上勤俭朴素，也用心读书了。后来他果然成了陈嘉庚先生事业上的好帮手。

鲁迅:"横眉冷对千夫指,俯首甘为孺子牛"

　　鲁迅(1881—1936年),原名周树人,浙江省绍兴县人,文学家、思想家、革命家。鲁迅早年就读于南京江南水师学堂、矿务铁路学堂。

　　他的著作以小说、杂文为主,代表作有:小说集《呐喊》《彷徨》《故事新编》等,散文集《朝花夕拾》(原名《旧事重提》),散文诗集《野草》,杂文集《坟》《热风》《华盖集》《南腔北调集》《三闲集》《二心集》《而已集》等16部。鲁迅的小说、散文、诗歌、杂文共数十篇(首)被选入中、小学语文课本,小说《祝福》《阿Q正传》等先后被改编成电影。北京、上海、广州、厦门等地先后建立了鲁迅博物馆、纪念馆等,同时他的作品被译成英、日、俄、西、法、德等五十多种文字,在世界各地拥有广大的读者。他以笔为武器战斗一生,被誉为"民族魂"、现代文学的旗帜,是中国现代文学的奠基人。毛泽东评价他是中华文化革命的主将。"横眉冷对千夫指,俯首甘为孺子牛"是他一生的写照。

　　1902年,他东渡日本,开始在东京弘文学院补习日语,后来进入仙台医学专门学校。他之所以选择学医,意在救治像他父亲那样被庸医所害的病人,改善被讥为"东亚病夫"的中国人的健康状况。鲁迅想通过医学启发中国人的觉悟。但他的这种梦想并没有维持多久就被严酷的现实粉碎了。在日本,作为一个弱国子民的鲁迅,经常受到具有军国主义倾向的日本人的严重歧视。在他们的眼里,凡中国人都是"低能儿",鲁迅的解剖学成绩是59分,就被他们怀疑为担任解剖课的教师藤野严九郎把考题泄露给了他，这使鲁迅深感作为一个弱国子民的悲哀。有一次，在上课前放映的幻灯画片中，鲁迅看到一个中国人被日本军队捉住杀头，一群中国人却若无其事地站在旁边看热闹，鲁迅受到极大的刺激。这时他已经认识到，精神上的麻木比身体上的虚弱更加可怕。要改变中华民族在世界上的悲剧命运，首要的是改变所有中国人的精神，而能够改变中国人的精神的，则首先是文学和艺术。于是鲁迅弃医从文，离开仙台医学专门学校，回到东京，翻译外国文学作品，筹办文学杂志，发表文章，从事文学活动。

1909年，他从日本回国，先后在杭州、浙江两级师范学堂（今杭州高级中学）和绍兴府中学堂任教员。这个时期是鲁迅思想极其苦闷的时期。1918年，鲁迅在《新青年》杂志上发表了他的第一篇白话小说《狂人日记》。这是他第一次用"鲁迅"这个笔名发表文章，《狂人日记》也是中国最早的现代白话小说。这篇小说凝聚了鲁迅从童年时起到那时为止的全部痛苦的人生体验和对于中华民族现代命运的全部痛苦思索。它通过"狂人"之口，把几千年的中国封建专制的历史痛斥为"吃人"的历史，向沉滞落后的中国社会发出了"从来如此，便对么"的严厉质问，大声疾呼："救救孩子！"

鲁迅的小说作品数量不多，意义却十分重大。鲁迅把目光集中到社会最底层，描写这些底层人民的日常生活状况和精神状况，这是与鲁迅的创作目的分不开的。鲁迅说："我的取材，多采自病态社会的不幸的人们中，意思是在揭出病苦，引起疗救的注意。"（《南腔北调集·我怎么做起小说来》）这种表现人生、改良人生的创作目的,使他描写的主要是孔乙己、华老栓、单四嫂子、阿Q、陈士成、祥林嫂、爱姑这样一些最普通人的悲剧命运。这些人生活在社会的最底层,最需要周围人的同情和怜悯,关心和爱护,但在缺乏真诚爱心的当时的中国社会中,人们给予他们的却是侮辱和歧视,冷漠和冷酷。这样的社会难道是一个正常的社会吗?这样的人际关系难道是合理的人际关系吗? 最令我们痛心的是, 他们生活在无爱的人间,深受生活的折磨,但他们彼此之间也缺乏真诚的同情,对自己同类的悲剧命运采取的是一种冷漠旁观甚至欣赏的态度, 并通过欺侮比自己更弱小的人来宣泄自己受压迫、受欺侮时郁积的怨愤之气。在《孔乙己》里,有恶意嘲弄孔乙己的短衫顾客;在《阿Q正传》中,别人欺侮阿Q,阿Q则欺侮比自己更弱小的小尼姑;在《祝福》中,鲁镇的村民把祥林嫂的悲剧当作有趣的故事来欣赏……所有这一切,让人感到一股透骨的寒意。鲁迅对他们的态度是"哀其不幸,怒其不争"。鲁迅爱他们,但希望他们觉悟,希望他们能够自立、自主、自强,拥有做人的原则。

鲁迅对权势者和伪君子抱着深恶痛绝的态度。《孔乙己》中的丁举人、《阿Q正传》中的赵太爷、《祝福》中的鲁四老爷、《长明灯》中的郭老娃、《离婚》中的七大人等等, 都是这样一些权势者的形象。他们有权有势,但对他人的命运却没有真诚的关心,对社会的进步没有丝毫的热情,他们关心的只是自己的权势和地位,自私、虚伪、冷酷,阻碍着社会的进步和改善。《肥皂》中的四铭、《高老夫子》中的高老夫子则是一些假道学、伪君子,他们口口声声关心社会的道德,实际上他们自己都是毫无道德心的人。

1927年10月，鲁迅到了上海，从此定居下来，集中精力从事革命文艺运动。1928年鲁迅与郁达夫创办《奔流》杂志。1930年，中国左翼作家联盟成立，他是发起人之一，也是主要领导人，曾先后主编《萌芽》《前哨》《十字街头》《译文》等重要文学期刊。他参加和领导了中国左翼作家联盟、中国自由运动大同盟和中国民权保障同盟等许多革命社团。他团结和领导广大革命的、进步的文艺工作者，与帝国主义、封建主义和国民党政府及其御用文人进行针锋相对的斗争。他坚持战斗，撰写了数百篇杂文。这些杂文，如匕首，似投枪，在反文化"围剿"中，作出了特殊的贡献。他与共产党人交往密切，坚决拥护中国共产党的抗日民族统一战线政策。他以"窃火者"自喻，致力于中外文化交流，倡导新兴木刻运动。他关心青年，培养青年，为青年作家的成长付出了大量的心血。

鲁迅在短篇小说、散文、散文诗、历史小说、杂文各种类型的创作中，都有自己全新的创造。他的一生是为中华民族的生存和发展奋斗的一生，他用自己的笔坚持社会正义，反抗强权，保护青年，培育新生力量。不利的情形、艰难的处境丝毫没有动摇鲁迅先生那战斗的气概和昂扬不屈的精神。在逆境中，鲁迅先生所表现出来的"横眉冷对千夫指"的姿态是那么冷峻而刚强！在反动派对他人身攻击、诬陷、诋毁的恶浪面前，鲁迅先生蔑然地将之比喻为嘤嘤的苍蝇和嗡嗡的蚊虫，吞噬了战士的血肉，它们却还要嘤嘤嗡嗡地哼哼一通，并义正词严地正告他们——辱骂与恐吓绝不是战斗！

1936年10月19日，鲁迅先生因肺结核病逝于上海，葬于虹桥万国公墓，上海上万名民众自发举行公祭、送葬。在他的灵柩上

覆盖着一面旗帜，上面写着"民族魂"三个字。毛泽东这样评价鲁迅："鲁迅是中国文化革命的主将，他不但是伟大的文学家，而且是伟大的思想家和伟大的革命家。鲁迅的骨头是最硬的，他没有丝毫的奴颜和媚骨，这是殖民地半殖民地人民最可宝贵的性格。鲁迅是在文化战线上，代表全民族的大多数，向着敌人冲锋陷阵的最正确、最勇敢、最坚决、最忠实、最热忱的空前的民族英雄。鲁迅的方向，就是中华民族新文化的方向。""鲁迅在中国的价值，据我看要算是中国的第一等圣人。孔夫子是封建社会的圣人，鲁迅则是现代中国的圣人。"

球王李惠堂的民族气节

20 世纪三四十年代,李惠堂不仅是使中国人摆脱了"东亚病夫"耻辱名声的亚洲球王,而且他拒绝为汪精卫效劳,多次举行足球义赛筹款抗日,捍卫了民族尊严,表现出了崇高的民族气节。

"看戏要看梅兰芳,看球要看李惠堂。"这是 20 世纪 30 年代在上海流传的一句话。在旧中国,一位体坛人物能够和京剧大师梅兰芳的名字相提并论,确实非凡。李惠堂,字光梁,号鲁卫,1905 年出生于香港,中国人深受压迫剥削之苦,在其幼小的心灵上刻上了深深的印迹。不受外人凌辱、捍卫民族尊严的抱负很早就在其心中萌发。4 岁那年,李惠堂随母亲回到家乡五华县锡坑乡老楼村居住。由于刻苦锻炼,他的身体日见壮实,脚力过人。10 岁左右,他返回香港,结下了"足球缘",17 岁便成为香港南华队的一名队员。20 岁那年,他到了上海。由于李惠堂球艺出众,22 岁就被上海复旦大学足球队聘为教练。随后,又在上海组织乐华足球队,战绩显赫。"万国足球赛"在上海举行时,24 岁的李惠堂被评为最佳明星,因此而得名"球王"。1923 年,李惠堂随香港南华队远征澳大利亚悉尼市,当地新闻媒体报道了南华队与当地劲旅"新南威尔斯"角逐的消息,当中不乏奚落、侮辱之词。悉尼市一家大报刊出一幅漫画,画了几个容貌憔悴、脑后还拖着一条长发辫的足球队员,蹒跚地向球场中间走去,标题是"明天登场的中国队"。

本来为切磋球艺、为友谊而来的南华队,这一下可全给激怒了。第二天比赛中,中国队员个个奋勇无比,在五分钟内连拔两城,悉尼球迷惊呆了。身穿9号球衣的李惠堂,一人独进三球。后因南华队体力不济,速度减慢,未能有大的建树,终场前被3:3逼平。当南华队离场时,掌声四起,有的观众大声呼叫:"9号,9号!"这一仗打出了中国人的威风,使澳洲人一改以往的态度。

20世纪20年代中期,上海足球运动兴起,成为我国足坛中心。在这个有冒险家乐园之称的上海,外国人不但把它当作对中国人施行剥削压迫的"乐园",而且想把足坛作为其称王称霸的"乐园"。当时,李惠堂正好偕夫人旅居上海,上海球界得知这一消息,喜出望外,纷纷上门邀请其加盟。本来在赴沪之前,李惠堂已打算不涉足绿茵,今见洋人在足坛上如此这般,一腔热血又禁不住沸腾起来,于是毅然披甲加盟乐群队。

为了迎战1927年春在沪举行的"史考托杯"大赛,李惠堂力主实力雄厚的南华队与乐群队合并。新队取名时,众说纷纭。李惠堂提议取名"乐华"队,说:"乐华者,振兴中华,我辈乐于从命是也。"第十五届"史考托杯"赛的战幕终于拉开,这是一场中西一流水平的比赛。李惠堂带领新组建的乐华队,一路过关斩将,最后,闯进决赛,他们的对手是蝉联九届"史考托杯"大赛冠军的腊克斯队。

赛前几天,腊克斯队的领队包德裴突然闯进李惠堂的住所,对他说:"我队和贵队就要为争夺冠军作最后一战了,请李君届时脚下留情。待我队赢得冠军,必奉厚酬。"李惠堂一听就怒不可遏,严词反击。那领队见软的不成又来硬的,在利诱失败后的第三天,对手竟然撕开面具露出青面獠牙的真面目。李惠堂访友夜归,走至上

海四川路附近时，突然从黑暗处蹿出几条黑影。啊！这是凶残的日本浪人。他们把球王李惠堂围在中间，不由分说上来便拳打脚踢。好一个球王，他全无惧色，挺身迎战，几个回合就撂倒两个。正在危急之际，恰好精武会中有几位青年人出来，见是日本浪人追打李惠堂，便冲上前去挥拳相助，并护送李返回住所。事后，李惠堂在球队中将对方利诱威逼的行径进行了揭露，整个乐华队被激怒了，誓死要和对手周旋到底。乐华队上场之后，个个如猛虎下山，最后以 4:1 大败腊克斯队，开创了华人足球队赢得"史考托杯"的纪录。1939年,李惠堂随香港南华队远征南洋, 在和马来西亚槟城联军队的首战中, 南华队以11:0大胜。1941年12月25日,日寇举行占领香港入城式,强令香港足球队作表演赛以示"庆祝"。李惠堂以腿伤复发为名,拒绝出赛。第二年5月,南京汪伪政府想借李惠堂的影响造势,邀请他率南华队北上参加伪满政权举办的"运动会", 李惠堂亦是义正词严地坚决拒绝。而后,李惠堂得知伪满政权派飞机到港,要强行接他去。为了保持民族大节,李惠堂毅然别妻离子,孤身化装逃离香港。在挚友的帮助下,他乘快艇离港至澳门,几经周折经桂林过韶关,终于回到故乡五华县。从1942年起的四个年头里,李惠堂在生活上不畏艰苦,尽力从事抗日救国或有益桑梓的工作。他除了在五华组织训练足球队之外,还在重庆、柳州、桂林、成都等城市发起组织足球义赛一百多场,将义赛所得全部救济孤儿和难民,而自己却过着俭朴的生活。他在自己的家门口张贴着这样一副自撰门联:认认真真抗战,随随便便过年。

李惠堂41岁"挂靴",足坛生涯长达25年,获得过包括"亚洲球王"在内的五十多个荣誉称号和一百二十多枚奖章,曾四次代表国家队参加远东运动会获足球冠军。1966年他担任亚洲足球协会和世界足球协会的副会长,在世界足坛享有很高的威望。1976年在德意志联邦共和国足球杂志组织的评选活动中,他被评为世界五名球王之一。据统计,他在足球比赛中,射进近两千个球。他和巴西名将里登雷克、德国球星宾德以及球王贝利是迄今世界上比赛进球逾千个的四大巨星。

吴佩孚不做汉奸

　　吴佩孚(1873—1939 年),字子玉,山东蓬莱人。1922 年直奉战争后,先后任两湖巡阅使、直鲁豫三省巡阅副使,曾拥兵 50 万,是北洋直系军阀首领。因其年轻时在家乡考取过秀才,故在北洋军阀中有"儒将"之称。第二次直奉战争由于冯玉祥倒戈,吴佩孚兵败。1925 年春,吴佩孚率"决川"号和"睿蜀"号两艘军舰经武汉、过洞庭湖前往岳州居住,在路过武汉时曾吟诗一首——"天风吹我过江城,万户无声犬不惊。可惜清明平旦气,都从梦里误平生。"

　　吴佩孚作为北洋直系军阀首领,在军阀混战中涂炭生灵,其罪重矣,尤其是在 1923 年镇压"京汉铁路工人大罢工",血腥屠杀罢工工人和共产党员,亲手制造了震惊中外的"二七惨案",是"二七惨案"的罪魁祸首。然而吴佩孚在民族气节方面却大节不亏。

　　在五四运动中,吴佩孚公开表示支持爱国学生。他说:"大好河山,稍有人心,谁无义愤。彼莘莘学子,激于爱国热忱而奔走呼号,前仆后继,以草击钟,以卵投石……其心可悯,其志可嘉,其情更可有原。"并要求释放学生,收回青岛。他还以极为尖锐的措辞痛斥日本侵华野心,再次表示军人的爱国之责,不惜对日一战。一时,吴佩孚有"爱国将军"之美誉。

　　"七七事变"后北平沦陷,吴佩孚坚决不入外国租界,仍然住在什锦花园 11 号,顶住了日本侵略者的软硬兼施,宁死不当汉奸。

　　日本侵略者侵占北平后,自认为吴佩孚可以利用。于是,日本

特务头子土肥原贤二、汉奸齐燮元等相继粉墨登场,劝吴佩孚"出山"。一时间,"吴公馆"门前车水马龙、说客盈门。但是吴佩孚却提出"出山"的先决条件是日军先撤出北平,使说客们碰了钉子。

日本侵略者见软的不行,便来硬的,强迫吴佩孚举行一次中外记者招待会,公开表明对"日中议和"的态度。事先,土肥原贤二拟了题为"一切赞成日方主张"的稿子,要求吴佩孚在记者招待会上宣读。同时,还伪造了一封吴佩孚主张"日中议和"的通电在报刊上公布。吴佩孚通过家属向美国记者郑重声明,否认此事,以正视听。

在记者招待会上,日方向与会的一百三十多位中外记者散发他们伪造的吴佩孚发言稿。但吴佩孚将"发言稿"弃之不用,却发表了自己对和平的看法,提出了包括"日本无条件撤军"和"中国应保持领土和主权完整"等中日和平的先决条件,并说明一切均以发言为准,会上印发的稿件是假的。然后,他对于记者提问一律笑而不答,使日本侵略者大丢其脸。

在中华民族处于生死存亡的危急时刻,面对日伪的威逼利诱,吴佩孚坚决不做汉奸,拒绝与侵略者"合作"。让我们记住他"临难不苟免"的操守,因为他在风烛晚年,依然是一个堂堂正正的中国人,他的名字不该被后人忘记。

狱中英雄江竹筠

在亿万中国人的心中，江姐是革命意志坚强的代表。她的一句名言打动了无数人的心——"严刑拷打算不了什么。竹签子是竹子做的，而共产党员的意志是钢铁铸成的。"

江姐是人们对著名的革命烈士江竹筠的爱称。她 1920 年 8 月 20 日出生于四川省自贡市富顺县江家湾的一个农民家庭。10 岁到织袜厂当童工，11 岁进了重庆一所教会办的孤儿院边做工边读书。在苦难的生活经历中，江姐对当时的社会制度充满了憎恨，同时培养了刻苦学习的精神。

1939 年江竹筠考入重庆的中国公学，秘密加入了共产党。1944 年夏，经组织安排她进入四川大学农学院学习，从事党的秘密工作。

1947 年春，中共重庆市委创办《挺进报》，江竹筠具体负责校对、整理、传送电讯稿和发行工作，只几个月的时间，报纸就发行到一千六百多份，引起了敌人的极大恐慌。1948 年 4 月，《挺进报》的发行机关被伪装进步的特务打入，以顺藤摸瓜的方式破坏了重庆市委。6 月 14 日，由于叛徒的出卖，江姐不幸被捕，被关押在重庆"中美特种技术合作所"的渣滓洞监狱。在狱中，江姐受尽了国民党军统特务的各种酷刑，老虎凳、吊索、带刺的钢鞭、撬杠、电刑，甚至把竹签钉进十指。特务妄想从这个年轻的女共产党员身上打开缺口，以破获重庆地下党组织。面对敌人的严刑拷打，江姐始终坚贞不屈："你们可以打断我的手，杀我的头，要组织是没有的。""严刑拷打算不了什么。竹签子是竹子做的,共产党员的意志是钢铁铸成的!"毒刑拷打后的她仍坚贞不屈,并领导狱中的难友同敌人展开坚决的斗争。她关怀难友,参与领导狱中斗争,被亲切地称为"江姐"。

江姐在死前还写下了一封托孤遗书,可是在阴森恐怖的渣滓洞监狱里,对犯人的控制十分严密,江姐根本无法弄到笔墨写信。后来江姐偷偷藏起一根竹筷,在看守不注意的时候,把竹筷一端磨尖当笔,然后拆开棉被,把一些棉花烧成灰,调些清水,就成了墨水。用自制的笔墨,江姐在一张草纸上写下了遗书。遗书写好后,江姐通过一个看守悄悄把信带出了监狱,辗转交给了她的表弟。

1949年11月14日,江竹筠被特务秘密枪杀,然后被用镪水毁尸灭迹,时年29岁。

抗日"模范童子军"张六子

抗日战争时期,晋察冀边区儿童团展开了"五不运动":不给敌人带路,不给敌人送信,不吃敌人的糖,不念敌人的书,不告诉敌人藏粮的地方。

"五不誓词"不仅铭记在广大儿童的心里,而且也贯彻在他们的行动中。行唐县上方村少年英雄张六子,就是坚守"五不誓词"而牺牲的,是保守秘密的模范。

1943 年正月初三清晨,日本侵略军包围了上方村,妄图将驻扎在这里的八路军后方机关一网打尽,把埋藏在地下的粮食抢走。

14 岁的上方村儿童团组织委员张六子帮助部队和群众转移后,自己却没能走脱,被日军捉住了。敌人本以为从一个小孩口里得知干部和八路军的去向是轻而易举的事情,便吼叫道:"干部们是谁?都藏到哪里去了?"

张六子歪了歪脑袋坚定地说:"不知道什么是干部!"

鬼子又用糖果诱惑张六子,张六子却愤恨地把糖果扔在地上。这群野兽被激怒了,一枪托把张六子打了个趔趄:"说,八路军和公粮窖在哪里?不说就打死你!"

张六子毫不犹豫,坚定地回答:"不知道!"

几个鬼子、汉奸一拥而上剥掉了张六子的棉裤棉袄,用绳索绑住他的双手,把他吊在了大槐树上,绰起一根抬水棍边打边问:"八路军和公粮窖在哪里?"

　　"不知道！"张六
子牢记"五不誓词"，
斩钉截铁地说。敌人
打了一阵，一根抬水
棍打折了四五节，张
六子咬定三个字：
"不知道。"

　　气急败坏的敌
人又点燃干草往他
身上烧。他们以为一
个孩子最终也忍受
不了这种酷刑，便烧
一下，问一句。但坚
强的张六子早把生
死置之度外，坚持一声不吭。敌人无计可施，最后下了毒手，竟用石
头往他脑袋上砸了下去。张六子当场英勇牺牲。

　　年仅 14 岁的张六子牢记"五不誓词"，为革命宁死不屈。他视
死如归的革命精神，表现了中华儿女的铮铮铁骨和民族气节，充分
显示出中华少年不屈不挠的英雄气概！《晋察冀日报》报道了他的
英勇模范事迹，北岳区追赠他为"模范童子军"，家乡的人民在抗日
烈士纪念碑上镌刻上了他的名字和英勇事迹。

程砚秋：耻歌寇盗学犁锄

抗日战争时期，日本特务机关企图强迫北京的京剧界捐献飞机义演，著名京剧表演艺术家程砚秋当即拒绝，避居青龙桥务农，表现出了崇高的民族气节。

程砚秋(1904—1958年)，京剧旦角，程派艺术的创始人，被称为"四大名旦"之一。程砚秋原名承麟，满族，北京人，后改为汉姓程，初名程菊侬，后改艳秋，字玉霜。1932年起更名砚秋，改字御霜。

侵占北平后，日本军急于粉饰太平装点门面，恢复"歌舞升平"的局面，遂找梨园公会，胁迫他们组织京剧名角联合唱义务戏，名义是"支援皇军，捐献飞机"。

北京(日军侵占后又复此名)素有以合作戏的形式唱义务戏的传统，一定时期就有以"赈灾""救济贫困"等名义的义务戏。很多名角各呈佳剧，荟萃一堂的大合作往往轰动九城，名宦巨贾各界士媛争相观看，票价再高也在所不惜。因为义务戏实在是难得的一次集中欣赏京剧最佳表演之良机，所以北京一有大义务戏，就成了各报章的重要新闻，采访特写，渲染夸张，爱好京剧的古城观众即使看不上戏，也争相阅读报道，谈论时眉飞色舞、乐此不疲。

一天，程砚秋在家闷坐，梨园公会的人找上门来与程砚秋商量。落座献茶后，来人嗫嚅地说："四爷，有这么回事，还得请您帮忙……"

一向温文尔雅、彬彬有礼的程砚秋未等对方说完，腾地站起来说：“什么？让我给日本人唱义务戏？我不唱。”

来人婉转劝说，希望他圆这个场，体谅同业的难处。

他斩钉截铁地说：“我不能给日本人唱义务戏，叫他们买飞机去炸中国人！我不唱难道有死罪？谁爱唱谁就唱，我管不了。”

来人再劝，说：“大家都怕日本当局，得罪他们今后这碗饭不好吃，您要不唱，对您和本界都不利。”

程砚秋气得涨红了脸，愤愤地说：“我一人做事一人当，决不连累大家。我程某人宁死枪下也决不从命！你不妨转告日本人，甭找梨园同业的麻烦，我有什么罪过，让他们直接找我说话就是了！”

来人见程先生态度如此坚决，只得悻悻而去。

日本人知道此事后火冒三丈，但考虑到程砚秋的社会声望，一时也不敢贸然加害。此后，日本人怀恨在心，处处找茬，总想找个借口迫害他。

1940 年和 1941 年，程砚秋两次应上海同仁的邀请，到上海租界为困在那里的难民慰问演出。日本人知道后更是暴跳如雷，便策划了一起企图在车站羞辱程砚秋的丑剧。

这天，北京前门火车站内外，几十个荷枪实弹的日本宪兵特务如临大敌。火车进站后，他们便饿虎扑食般地包围了出站口，对下车的旅客逐个盘查。

忽然特务们发现了程砚秋。程先生单身一人，无法摆脱，只好跟他们走到北侧一间偏僻的小屋中，屋内已有两三人等着，进门来不由分说，就给了程砚秋一个大耳光。

程砚秋厉声说：“士可杀不可辱！你们要干什么？”

"干什么？教训教训你！"

程砚秋知道这是寻衅报复，忍无可忍，挥拳还击。程砚秋是演青衣的，他师从名武师高紫云先生，练过武，拳脚有根基。他连踢带打、左右开弓，使五个伪警没讨到便宜。程砚秋瞅了个空子，夺门而出，闪入车站来往的人流之中跑回家中。

家里人见他衣冠不整，满脸怒气，都很惊讶，忙问出了什么事。他略述始末，愤然地说："这些鼠辈仗势欺人，此番让我着实教训一顿，也出了口胸中闷气。"他又长叹一声，"这帮人不会善罢甘休，还会找我的。我程某人就是不给日本人唱戏，看能把我怎么样。"

这时，南迁的梅兰芳已被迫从香港返回上海，蓄须明志，闭门不出，其民族气节深深感染了程砚秋。他想干脆我也不唱了，首先声称：身体有病，不能再登台了。

程砚秋通过朋友，从著名的德国医院开出"不宜舞台献艺，应休息"的证明。然后，在北京西郊青龙桥买下一所房舍，六十亩土

地,添置农具、牲畜,过起夏日垂钓、春秋耕作、冬日收藏的劳动生活,表现了"耻歌寇盗学犁锄"的崇高民族气节。

　　1945年8月15日,日本投降后,程砚秋欣喜若狂,他宣布改"三闭主义",即闭口、闭眼、闭心,为"三开主义",即开口、开眼、开心,他到电台发表庆祝抗日胜利的广播演讲,登台连演三天,还返回青龙桥为乡亲们演唱,进行一连串的义务演出。程砚秋坚持民族气节,反对日伪统治,毅然息影剧坛,避居山村荷锄务农的爱国主义壮举永远为人们所景仰和传颂。

节约标兵黄克诚

　　抗战时期，由于日伪军重兵封锁和频繁的"扫荡""清乡"，部队的生活供给十分困难。黄克诚师长带领大家节衣缩食，渡过难关，被评为全军的"节约标兵"，表现了中国共产党和人民军队艰苦朴素的优良作风。

　　1940年皖南事变后，八路军第五纵队被改编为新四军第三师，黄克诚被任命为师长兼政治委员，坚持苏北敌后抗日根据地，主要活动在盐阜区，直到1945年10月奉命进军东北。黄克诚在盐阜区的5年时间内，部队的生活供给十分困难。黄克诚带领大家克服困难，共渡难关。由于他在增产节约方面处处以身作则，1942年被评为全军的"节约标兵"。刘少奇在新四军军部召开的各师供给部长会议上曾多次讲过："全军7个师，三师人最多，花钱却最少，应当学习他们的经验。"

　　1941年至1943年，是抗日战争最艰苦的时期。面对困境，黄克诚动起了脑筋：自己开点儿荒，种些蔬菜，不就可以改善改善生活了吗？这一想法一经提出，立即得到了全师干部、战士的一致赞同，全师上下很快掀起了"自己动手，开荒种地"的热潮。黄克诚亲自带头，和师参谋长洪学智合开了一块地，种上了番茄、土豆等。在师首长的带动下，干部、战士一齐动手，开荒种菜，省下的菜金可以买点荤菜。几个月时间，连队伙食就得到了改善。黄克诚和洪学智还将自己在菜地里种的番茄送给村里的群众。群众吃了，都高兴地说："吃了番茄甜在心,黄师长和我们一条心。"

西北风一阵紧似一阵地吹来,一群群大雁由北向南飞去,又一个冬天来到了,三师的干部、战士纷纷穿上了新发的棉衣。师部管理员张兴旗拿出黄克诚那件满是补丁的棉袄,左看看,右看看,心想:这件棉袄已穿了四五个冬天,早该换一件了,可黄师长硬是不肯换。怎么办呢?正在这时,黄克诚走了进来。张兴旗把手里的那件棉袄抖了抖,说:"黄师长,这棉袄早该进博物馆了,领子、袖口都破了,还有好几处已打了补丁,给你重换一件吧!"

黄克诚接过棉袄,仔细地看了看,笑嘻嘻地回答说:"破了,再补一补,还能穿嘛!"停了一下,他又语重心长地说:"兴旗啊,目前我们的财政经济还很紧张,能节约的要尽量节约,好积蓄力量来粉碎敌人的经济封锁啊!"说完,黄克诚把这件旧棉袄接过来,拿出针线包缝补了起来。

抗战时期,部队实行供给制,官兵一致,每月每人发三两油、四两黄烟和两盒火柴。黄克诚吸烟很厉害,每天晚上还要点灯熬夜,发的两盒火柴个把星期就用光了。吸烟时没火柴,他就到群众家的锅膛里点火。一天,张兴旗看到黄克诚弓着腰到锅膛里点火,既不方便,又影响工作,就悄悄替他多领了两盒火柴。黄克诚发现后,立即又退给张兴旗。"兴旗,官兵一样,不到发火柴的时候,不能发给我。""黄师长,你成天成夜为全师官兵操劳,为夺取抗战胜利操心,多用两盒火柴算得了什么?"

黄克诚耐心地对张兴旗说:"成天成夜操劳,这是我应尽的义务,但决不能有丝毫的特殊,不然,以后这个部队怎样带啊!"

于是张兴旗又把两盒火柴退回去了。后来,黄克诚干脆买来火刀、火石,打火抽烟。有一次,来了一个客人,黄克诚递给他一支烟,警卫员用火柴替他点了火。客人走后,黄克诚对警卫员说:"今后来人抽烟,一律用火刀、火石点火,不要用火柴,各方面都要节约。"

黄克诚对自己要求甚严,生活上处处节俭。发给黄克诚的洗脸毛巾,他总是剪成两半,一半自己用,一半给别人用。他说,洗脸时,只用毛巾当中揩脸,两边揩不到,结果当中破了,四边还完好,剪开来用就可以节省一半;5000条毛巾剪断,够1万人用。

为了节省烧洗澡水的柴草,黄克诚一年四季坚持洗冷水浴。黄克诚带领第三师部队驻到阜宁县孙西庄,师部驻在孙福宣家里。一个冬天的早晨,五更天,孙福宣睡在床上听到倒水声,第二天公鸡叫时,又有倒水声。后来,日日如此,孙福宣夫妇感到很好奇。一天清晨,公鸡头遍叫过后,院子里又传来了倒水声。于是孙福宣悄悄爬起来看个究竟,开门一看,眼前的情景把他吓住了:只见黄克诚身上穿着一条短裤,立在寒风中,他刚用冷水洗过身子,正在用干毛巾擦着,好像天生一副不怕冷的钢筋铁骨。

当下,孙福宣没有惊动黄克诚。第二天一早,他就问警卫员:"天这么冷,黄师长用冷水擦身子,不怕把身体冻坏吗?"

警卫员带着十分敬佩的语气回答说:"洗冷水澡,这是黄师长多年养成的习惯,不论春夏秋冬,每天都是4点钟起床,用冷水从头洗到脚,再用干毛巾擦身子,然后再出去跑步。"

"难怪!"孙福宣激动地说,"黄师长看起来瘦条条的,斯斯文文的,做起事来却精神抖擞,连续三五夜不睡觉也不困!"

张自忠将军

张自忠,汉族,字荩忱,山东临清人,抗日将领。1911年在天津法政学堂求学时秘密加入同盟会。1914年投笔从戎。1937年,上海、南京相继沦陷后,日本侵略者又把兵锋直指徐州。1938年3月,日军投入七八万兵力,分两路向徐州东北的台儿庄进发。当时守卫临沂的是庞炳勋的第三军团。由于实力过于悬殊,伤亡惨重,庞部急待援军。张自忠奉命率第五十九军以一昼夜180里的速度及时赶来增援。张自忠以"拼死杀敌""报祖国于万一"的决心,与敌激战,反复肉搏。经过数天鏖战,敌军受到重创,节节败退。中国军队相继收复蒙阴、莒县,共歼敌四千余人。不久,日军再派坂本旅团向临沂、三官庙发起攻势,妄图有所突破。张自忠和庞炳勋部两军奋力拼杀,经彻夜激战,日军受到沉重打击,其向台儿庄前线增援的战略企图被完全粉碎,保证了台儿庄大战的胜利。

1940年5月,日军为了控制长江交通,切断通往重庆的运输线,集结30万大军发动枣宜会战。当时中国军队的第33集团军只有两个团驻守襄河西岸。张自忠作为集团军总司令,他不顾部下的再三劝阻,亲自率领部队出击作战。

5月1日,张自忠亲笔昭告各部队:"我相信,只要我等能本此决心,我们国家及我五千年历史之民族,决不至亡于区区三岛倭奴之手。为国家、民族死之决心,海不清,石不烂,决无半点改变。"张自忠率两千多人东渡襄河后,一路奋勇进攻,将日军第13师拦腰

斩断。日军随后以优势兵力对张自忠的部队实施包围夹攻。张自忠毫不畏缩，指挥部队向人数比他们多出一倍半的敌人冲杀十多次。日军伤亡惨重。

5月15日，日军一万多人分南北两路对张自忠率领的部队实行夹击。激战到16日拂晓，张自忠部被迫退入南瓜店十里长山。日军在飞机大炮的掩护下，向中国军队的阵地发起猛攻，一昼夜发动九次冲锋。张自忠的部队伤亡人员急剧上升，战况空前激烈。

5月16日，一天之内张自忠自晨至午，一直疾呼督战，午时，他左臂中弹仍坚持指挥作战。到下午二时，张自忠手下只剩下数百官兵，他将自己的卫队悉数调去前方增援，身边只剩下高级参谋张敬和副官马孝堂等八人。他掏出笔向战区司令部写下最后近百字的报告，交给马孝堂时说："我力战而死，自问对国家、对民族可告无愧。你们应当努力杀敌，不能辜负我的志向。"稍后，张自忠腰部又被机枪子弹击中，他卧倒在地，浴血奋战，最后壮烈牺牲。

蒋介石惊闻张自忠殉国，立即下令第五战区不惜任何代价夺回张自忠遗骸。一百多名优秀将士抢回张将军的尸骨，连夜运往重庆。当灵柩经过宜昌时，全市下半旗，民众前往吊祭者超过十万人。灵柩运抵重庆时，蒋介石亲自迎灵致祭，抚棺痛哭，并手书"英烈千秋"挽匾以资表扬。张自忠殉国时，年仅五十岁，他的夫人李敏慧女士闻噩耗极悲痛，绝食七日而死，夫妻二人合葬于重庆梅花山麓。

1982年4月16日，中华人民共和国政府追认张自忠为"革命烈士"。

杨靖宇的英雄故事

杨靖宇(1905—1940年),汉族,原名马尚德,到东北后,化名张贯一、乃超,杨靖宇为其常用化名,河南省确山人。中国共产党党员,中国抗日战争名将。

1939年在东南满地区秋冬季反"讨伐"作战中,日伪军连遭打击后,加紧对东北抗日联军的军事讨伐、经济封锁和政治诱降,同时对杨靖宇悬赏缉捕。

曾当过杨靖宇身边警卫战士的黄生发老人回忆道:

天气嘎嘎冷,我们的棉衣又不齐,有的同志手脚冻伤了。可是敌人的部队越集越密,"讨伐"越来越频繁。就在杨司令他们为解决棉衣问题召集各方面军负责人开会研究时,因叛徒出卖,在那尔轰的东北岔一带被岸谷隆一郎带领的日伪军层层包围,敌方兵力达四万多人。天上有飞机,地上有机枪、大炮,汽车来回运送粮食、弹药。在我们的正面,敌人满山满谷。为了掩护各部队分头转移,杨司令带领我们三百多人在正面吸引住敌人,由机枪连开路,生生撕开一条口子。但是,当我们经南泊子突围到了五金顶子时,敌人已经纠集了更多的兵力,我们甩掉一股又遇上一股,很难得到一个休整的机会。雪地行军,裤子总是湿的,让寒风一吹,冻成冰甲,很难打弯,也不知有多沉,迈步都吃力。鞋子也都跑烂了,只好割下几根柔软的榆树条子,从头拧到尾儿,当作绳子把鞋绑在脚上。衣服全叫树枝扯烂了,开着花,白天黑夜都挂着厚厚的霜,浑身上下全是白

的，全是凉的。这时候，多么需要火啊！生起一堆火，好好儿地烤一烤，把冻成冰的衣服烤化、烤干，把冷冰冰的身子烤暖。特别是夜里，气温降到零下四十多摄氏度，冻得大树喀吧喀吧直响，粗大的树干冻裂了缝儿，人又怎能受得了啊！可是一生火，火光照出老远，青烟飘上林梢，敌人就会像一群绿头苍蝇一样扑上来。我们只得不停地在雪地上蹦高，生怕坐下来就再也起不来了。

在极端艰难的条件下，杨司令以"头颅不惜抛掉，鲜血可以喷洒，而忠贞不贰的意志是不会动摇"的崇高气节，继续坚持战斗。他自己率警卫旅转战于濛江一带，最后只身与敌周旋五昼夜。

在危急时刻，身负重伤的杨靖宇身靠一棵大树，吃力地举起了手枪，怒视着凶恶的敌人，朝自己的太阳穴开了枪，敌人吓得目瞪口呆。

年仅 35 岁的杨靖宇壮烈牺牲了。

杨靖宇阵亡后，万恶的日本侵略者惨无人道，将杨靖宇的头割下，又解剖了他的尸体，要看看他肚子里有什么东西能使他坚持那么多天的战斗。结果，他们发现杨靖宇的肠胃里竟然没有一粒粮食，只有树皮、草根和棉絮。

在我们享受幸福和快乐的时候要牢牢地记住，这幸福和快乐是像杨靖宇那样的革命英雄用鲜血和生命换来的！

徐悲鸿：人不可有傲气，但不可无傲骨

　　"人不可有傲气，但不可无傲骨"是国画大师徐悲鸿先生的座右铭，是他光辉一生的写照。

　　徐悲鸿（1895—1953 年），江苏宜兴人，生于中国江苏宜兴屺亭桥，中国现代美术事业的奠基者，杰出的画家和美术教育家，尤以画马享名于世。徐悲鸿自幼随父亲徐达章学习诗文书画，1912年 17 岁时便在宜兴女子初级师范等学校任图画教员；1916 年入上海复旦大学法文系半工半读，并自修素描；之后，先后留日、法，游历西欧诸国，观摩、研究西方美术；1927 年回国，先后任上海南国艺术学院美术系主任、中央大学艺术系教授、北京大学艺术学院院长；1933 年起，先后在法国、比利时、意大利、英国、德国、苏联举办中国美术展览和个人画展。

　　徐悲鸿 20 岁成名，被法国犹太富翁看中，专邀他到"哈同花园"画像。在优厚的待遇面前，他断然拒绝，保持了"江南布衣"的本色；在赴法留学专攻美术期间，他遭到了洋学生的歧视，被诬为"生就的当亡国奴的材料"，徐悲鸿面对挑衅，义正词严地予以回击，并以虚心好学换来了一个个优异成绩，折服了对手，表现了崇高的民族气节；回国后，徐悲鸿不为高官厚禄所诱惑，也不被政治上的高压所屈服，坚决拒绝为蒋介石画像。他坚持走自己的路，用自己高超的技艺为祖国服务，为中华民族争光。

　　抗日战争期间，作为一位有正义感和民族气节的爱国画家，徐悲鸿积极主张抗战，反对妥协投降。在他的各种题材、主题的绘画作品中，大都以"托兴""自况"的表现手法，充分体现了他那"悲天悯人"的激情和强烈的爱国主义精神；他曾出访南洋募捐，将所得款10万美金全部捐给祖国的抗战事业……1931年，日本帝国主义发动了"九一八事变"，侵占了中国的东三省。1932年"一·二八事变"爆发，日军向上海发动了进攻，全国规模的抗日运动开始兴起。全国人民要求停止内战、一致抗日的呼声日益强烈，而国民党蒋介石集团却顽固地坚持"攘外必先安内"的政策，消极抗战，积极反共。

徐悲鸿对日益严重的民族危机非常忧虑，对国民党蒋介石集团的不抵抗主义特别不满，对蒋介石这个国民党的"最高领袖"也没有好感。1935年，蒋介石五十寿辰，国民党中宣部副部长张道藩再三相请徐悲鸿为蒋介石画像，都被徐悲鸿一口拒绝。

有一天，徐悲鸿正在作画，他的老同学张道藩推门进来。这个当了国民党大官的同学一进画室，便从公文包里取出一张蒋介石的照片递给徐悲鸿，开门见山地说："悲鸿，蒋委员长快过五十大寿了，想请你这支生花的妙笔为他画一张肖像。这可是千载难逢的好机会啊。""原来是这么回事。"徐悲鸿两道又黑又粗的眉毛紧紧地拧在了一起。他对蒋介石的独裁统治早就深恶痛绝，一听要他为蒋画像，便冷冷地说："我从学画以来，还没有对着照片画过人像。画这类画，上海城隍庙不少店铺画得又像又快。你往上海跑一趟，肯定会使你满意的。"

不等徐悲鸿说完，张道藩的脸涨得就像个紫茄子，他结结巴巴

地说："你,你居然,敢不给蒋……蒋委员长画……"

徐悲鸿坚定地说："我就是不画,你把照片拿去吧!"

张道藩再也装不出笑脸了,怒气冲冲地站起来,说："老同学,你不画,后果是难以想象的!这可由不得我。"说完,拂袖而去。

得罪了蒋介石、张道藩这帮人,可不是件小事情,随时都有可能发生意外,徐悲鸿非常清楚这一点。然而当他看到自己桌上的座右铭"人不可有傲气,但不可无傲骨"时,他感到心里坦然,痛快了许多。

1936年,广西、广东爆发了要求抗日的"两广事变",陈济棠、李宗仁以抗日为名,向全国发出通电,讨伐蒋介石。不知国民党内幕的徐悲鸿此时正在桂林,对此十分赞同。他曾在报纸上揶揄蒋介石说："何谓蒋先生的礼义廉耻?礼者,来而不往非礼也,日本既来,奉送东三省;义者,不抗日;廉者,捐廉(上海方言廉、钱同音),买飞机平西南;耻者,阿拉(上海方言我)不抗日,你抗日,你就是可耻。"

徐悲鸿冒着危险这样做,反映了他在抗日问题上的鲜明态度:谁抗日,他就支持谁;谁不抗日,他就反对谁。

1941年,蒋介石发动了震惊中外的"皖南事变"。国立中央大学的进步师生对蒋介石的倒行逆施深恶痛绝,纷纷口诛笔伐。在中大艺术系任教的徐悲鸿怀着无比愤怒的心情画了一幅《怒猫图》,图中一只小老虎似的雄猫立于巨石上,竖起两耳,怒睁着一双像电灯泡一样闪闪发光的圆眼睛,猫须挺直如利锥,咬牙切齿,微张巨口,面向纸外做捕鼠状。图上没有题词,只写上了寓意深刻的"壬午大寒"四个小字,并盖上了悲鸿名章。

节

梁实秋节制饮食

　　梁实秋先生在吃菜时特别注意节制，吃前面的菜时总是浅尝辄止，为的是最后给自己最喜欢吃的菜留余地。

　　梁实秋（1903—1987 年），出生于北京，中国著名的散文家、学者、文学批评家、翻译家，国内第一个研究莎士比亚的权威。梁实秋一生给中国文坛留下了两千多万字的著作，其散文集创造了中国现代散文著作出版的最高纪录，代表作有《雅舍小品》《英国文学史》《莎士比亚全集》（译作）等。

一天，梁实秋先生和朋友们一起吃饭。熏鱼端上来了，梁先生说他有糖尿病，不能吃带甜味的东西；"冰糖肘子"端上来，他又说不能碰，因为里面加了冰糖；"什锦炒饭"端上来，他还是说不能吃，因为淀粉会转化成糖。

最后，"八宝饭"端上来了，大家都猜他一定不会碰，没想到梁先生居然开心地说："这个我要。"朋友提醒他："里面既有糖又有淀粉。"梁大师则笑着说他当然知道，就是因为知道有自己最爱吃的"八宝饭"，所以吃前面的菜时他才特别节制。

"我前面不吃，是为了后面吃啊。因为我血糖高，得忌口，所以必须计划着，把那'配额'留给最爱。"

许多伟大的人，都因为他们节制自己，集中力量在特定的事物上才有杰出的成就。

有骨气的朱自清

抗日战争胜利后,朱自清的每月收入不能维持全家生活。因无钱治病,他的胃病反复发作。面对美援平价面粉,朱自清坚决拒绝,最终因无钱治病而去世。毛泽东评价朱自清"表现了我们民族的英雄气概",说明"我们中国人是有骨气的"。

朱自清(1898—1948 年),原名自华,号秋实,改名自清,字佩弦;原籍浙江绍兴,生于江苏东海;现代著名散文家、诗人、学者、民主战士。其散文朴素缜密,清隽沉郁,语言洗练,文笔清丽,极富真情实感。朱自清以独特的美文艺术风格,为中国现代散文增添了瑰丽的色彩,为建立中国现代散文全新的审美特征创造了具有中国民族特色的散文体制和风格。

由于长期的困苦生活和工作劳累,朱自清先生患上了严重的胃病。1948 年初,在人民解放战争进入最后阶段的时候,他的病情也加重了,然而他顾不得疗养,更加忘我地投入到斗争中去。此时的朱自清先生,已经重病缠身而且无钱医治,但他毫不犹豫地在写着"为表示中国人民的尊严和气节,我们断然拒绝美国具有收买灵魂性质的一切施舍物资,无论是购买的或给予的……"的宣言上签署了自己的名字,之后立即让孩子把面粉配给证退了回去。8 月上旬,朱自清先生病情恶化,入院治疗无效,于 12 日不幸逝世,年仅 50 岁。临终前,朱自清先生以微弱的声音谆谆叮嘱家人:"有件事要记住:我是在拒绝美援面粉的文件上签过名的,我们家以后不买国民党配给的美国面粉！"

朱自清不领美国"救济粮"，这让我们看出了他热爱民族的伟大精神！

20 世纪 40 年代的中国，百业萧条，物价飞涨，民不聊生，连高等学院的教授的生活也难以为继。贫病交加的清华大学中文系主任朱自清，其一家老少只是以稀粥糊口，食不果腹。当局为缓和教授们的不满，给他们发了"面粉配给证"，凭证可购买美国援助的平价面粉。

美国的驻华大使司徒雷登、驻沪总领事卡德宝大放厥词，攻击中国人民不识好歹，恩将仇报。据此，张奚若、吴晗等著名学者于 1948 年 6 月 17 日起草了《百十师长严正声明》，反击美国政府的诬蔑与侮辱。声明最后说："为表示中国人民的尊严和气节，我们断然拒绝美国具有收买灵魂性质的一切施舍物资，无论是购买的或给予的。下列同仁同意拒绝购买美援平价面粉，一致退还配给证，特此声明。"

6 月 18 日，吴先生拿了声明书来到朱自清家中征求签名。

朱自清正胃病严重复发卧床不起，吴先生对朱自清说："朱先生家老少九口，日子过得特别艰难，若在声明上签字，经济损失比别的教授都大。但我还是来了，是为尊重你的意见，总之不要勉强。"

"我的秉性，吴先生是知道的。春秋时气节之士黔敖坚持不吃嗟来之食活活饿死，傲骨可嘉，足可为人师表。故我宁可饿死，也不要带有侮辱性施舍的美援面粉。"朱自清说罢，支撑着坐起来，毫不迟疑地拿起笔，在声明上工工整整地写了"朱自清"三个字。

当天晚上，朱自清在日记里写了下面一段话：

在拒绝美援和美国面粉的宣言上签名，这意味着每月的生活费要减少六百万法币。下午认真思索了一阵，坚信我的签名之举是正确的，因为我们反对美国扶植日本的政策，要采取直接的行动，就不应逃避个人的责任。

6月21日，朱自清嘱咐夫人陈竹隐退还了"面粉配给证"。次日，他瞥见书架上存有几张当月的面粉票，马上对妻子说："快去退了，还有小半袋面粉一并带走，干净彻底。"

延至8月12日，朱自清不治逝世，弥留之际曾张合嘴巴似有话说。夫人陈竹隐俯下身去，他吃力地、断断续续地说："有一件事务必牢记，我是在拒绝美援的文件上签了字的，今后无论如何困难，都不能再要配给的美援面粉。"

闻一多拍案而起显骨气

中国现代伟大的爱国主义者，坚定的民主战士闻一多先生拍案而起，横眉怒对国民党的手枪，宁可倒下去，不愿屈服。

闻一多（1899—1946年），现代诗人、文史学者，1899年11月24日生于湖北省浠水县巴河镇，其父为晚清秀才。闻一多5岁入私塾，课余随父读史书。他从小喜读诗词，爱好美术，所接受的既有传统的经史教育，也有晚清以来的"新学"教育。1912年冬，闻一多考取北京清华学校，曾任《清华周报》编辑、《清华学报》学生部编辑，发表旧体诗文多篇，课余组织校内学生艺术团体"游艺社"（后改组为"新剧社"）、"美术社"等参加演剧与研究美术。五四运动激发了他反帝反封建的爱国热情，他被推举为清华学生代表团成员，并代表清华大学去上海参加全国学生代表大会。1920年4月，闻一多发表第一篇白话文《旅客式的学生》，发出激烈的改造学校、改造社会的呼声。7月，他的第一首新诗《西岸》发表，以后连续发表新诗，这些诗大多收在诗集《红烛》中。他早期的诗，形式多为自由体，较为突出地表现了唯美的倾向和艳丽的风格。1921年11月，清华文学社成立，闻一多为其重要成员。同年12月，闻一多在清华文学社作《诗的格律研究》的报告；次年3月，写成《律诗底研究》，开始进行系统的新诗格律化的理论研究。1922年，闻一多去美国留学。留美期间，他学习绘画，同时进修文学，研究中国古典诗歌和英国近代诗歌，并在创造社的刊物上发表《〈女神〉之时代精神》

《〈女神〉之地方色彩》等有影响的新诗评论。

1923年9月印行第一本新诗集《红烛》后,闻一多开始致力于新诗创作。《红烛》之后的诗作内容更为充实,形式整齐,语言凝练,形成他独具的沉郁绮丽的艺术风格。他主张诗人应该超脱于政治之外,但又认为"诗人主要的天赋是'爱',爱他的祖国,爱他的人民",他提倡"中华文化的国家主义",参加过国家主义团体"大江会"。在这种复杂、矛盾的思想认识的支配下,他在一段时期里走着一条曲折的道路。1925年闻一多自美回国,在北京艺术专科学校任教,并成为徐志摩主编的《晨报副刊·诗镌》的主要撰稿人。此时,他致力于研究新诗格律化的理论,在论文《诗的格律》中,他要求新诗具有"音乐的美(音节),绘画的美(辞藻),并且还有建筑的美(节的匀称和句的均齐)",由实践到理论为新诗发展探索一条值得重视的艺术途径。

抗日战争爆发后,闻一多到由北大、清华、南开三校组成的长沙临时大学任教。1938年2月,他参加"临大"学生的"湘黔滇旅行团",步行3500华里到达昆明,沿途看到人民的悲惨境遇,对于他的觉悟和进步颇有影响。1938年5月"临大"改为西南联合大学,闻一多仍任教授。他广泛地研究了中国的文化遗产,由唐诗研究开始,上溯先秦汉魏六朝,乃至古代神话、甲骨文和钟鼎文,以文学为中心,旁涉民俗学、社会学、人类学,形成一个完整的中国文学史和文化史的研究体系,对《周易》《诗经》《庄子》《楚辞》研究的学术贡献尤大,著有《神话与诗》《唐诗杂论》《古典新义》等专著。1942年3月出版的《楚辞校补》,是他10年研究的结晶,得到学术界的普遍赞誉。1943 年以后,由于痛恨国民党政府的反动和腐败,闻一多的思想发生根本转变,他积极参加反对独裁、争取民主的斗争。1944 年闻一多加入中国民主同盟,抗战胜利后出任民盟中央执行委员、云南总支部宣传委员兼民主周刊社社长,经常参加进步的集会和游行。1946 年 7 月 11 日,民盟负责人之一李公朴惨遭国民党特务暗杀。闻一多在 7 月 15 日云南大学举行的李公朴追悼大会上讲演,愤怒斥责国民党反动派,当晚即被国民党特务暗杀。1949 年 8 月,毛泽东在《别了,司徒雷登》一文中说:"我们中国人是有骨气的。许多曾经是自由主义者或民主个人主义者的人们,在美国帝国主义者及其走狗国民党反动派面前站起来了。闻一多拍案而起,横眉怒对国民党的手枪,宁可倒下去,不愿屈服……表现了我们民族的英雄气概。"

闻一多的诗具有极强烈的民族意识和民族气质。爱国主义精神贯穿于他的全部诗作，成为他诗歌创作的基调。早在清华学生时代，在闻一多所作的《李白之死》《红荷之魂》等诗中，就成功地运用了中国传统的诗歌题材和形象词汇来歌唱诗人心中的理想与爱情。留美时期写下的《太阳吟》《洗衣歌》《孤雁》《忆菊》等名篇，表现了他对帝国主义"文明"的鄙视和对祖国的思念。回国初期的诗作《祈祷》《爱国心》《一句话》《我是中国人》《七子之歌》等，用炽热的情感、完整的意象、和谐的音律，表现了诗人的民族自豪感。写作《死水》时期的诗较之往昔之作题材更广泛，思想更深沉，进一步接触到了中国的社会现实。《春光》《静夜》《荒村》等诗充满了对处于军阀混战中灾难深重的劳动人民的同情；《唁词——纪念三月十八日的惨剧》《天安门》《欺负着了》等诗则直接把笔锋指向了北洋军阀的暴行。在《发现》这首诗中，诗人面对军阀混战、列强侵略、山河破碎、民不聊生的现实感到困惑与不安，他"追问青天，逼迫八面的风"，但"总问不出消息"。闻一多的这些诗篇发展了屈原、杜甫创作中的爱国主义传统，具有鲜明的时代感以及社会批判的性质。

闻一多的诗，是他的艺术主张的实践。他的大多数诗作，犹如一张张重彩的油画。他不仅喜用浓重的笔触描绘形象，渲染气氛，尤善于在大胆的想象、新奇的比喻中变幻出种种不同的情调色彩，再配上和谐的音节、整饬的诗句这些优美的艺术形式的框架，使他的诗成为一幅完整的艺术品。闻一多的诗开创了格律体的新诗流派，影响了不少后起的诗人。

梁漱溟的气节

　　梁漱溟(1893—1988 年),原名焕鼎,字寿铭、萧名、漱溟,后以其字行世,广西桂林人,出生于北京。他是著名的哲学家、国学大师,有"中国最后一位儒家"之称。他一生追求两个问题:一是中国问题,即中国向何处去;另一个是人生问题,即人活着为什么。他率真的个性影响了他整整一生。

　　梁漱溟的处世原则是,在人格上不轻易怀疑人家,在见识上不过于相信自己。他待人直来直去,总是诚恳地微笑,使见者大为感动。学生李兢西说:"分明你想去欺骗他一件事情,到了他面前时,你便不由得会把实话说出来。"梁漱溟对此也很满意,并说:"我相信人,可是我也没有吃过相信人的亏。"

　　梁漱溟崇拜诸葛亮,他说:"我爱他的谦虚。一般人都认为他很有智巧,其实他很谦虚,愿意听人家指责他的话。谦虚谨慎是最可贵的品质。一个人自以为聪明、了不起,那就不行了。"梁漱溟与李大钊相熟,李大钊就义后,他说自己不敢与李大钊相比,"也不敢冒昧地自居于交谊深挚之列了"。

　　梁漱溟有着脱俗自信的心境。香港沦陷时,他在敌机的弹雨之中安然打坐。人问其故,他说:"我尚有大业未成,不会遽死。"香港沦陷后,在港的文化名人乘船撤离。天空有日机轰炸,水中有水雷骚扰,满船的人都惴惴不安,彻夜难眠,唯有梁漱溟鼾声如雷,睡得很香。有人问:"先生不害怕吗?"梁漱溟答:"怕什么,我是死不了

的。我死了，中国怎么办？"

梁漱溟在白色恐怖面前，不畏强暴，表现出崇高的气节。1946年，李公朴、闻一多被暗杀后，梁漱溟在记者招待会上公开痛斥："特务们，你们还有第三颗子弹吗？我在这里等着它！"他发表了《民盟秘书长的谈话》，并说："我要连喊一百声'取消特务'！"

梁漱溟对生死泰然处之。一位生活孤苦的老人向梁漱溟请教："先生，人什么时候才能得到解脱呢？"梁漱溟一字一顿回答："佛家对生死的态度是不求生，不求死。"后来，有人向其讨教养生之道，他答："少吃多动。"他不抽烟，偶尔喝酒也因迫不得已。他说："吃饭是应酬自己，喝酒是应酬人家。"

梁漱溟谈及身体与心理的关系时说：心是超过身的。心和身的关系，用八个字说，就是"好恶相喻，痛痒相关"。为此，梁漱溟坚持素食七十余年，除了鸡蛋、牛奶，其他荤腥一律不沾。30岁以后，梁漱溟的身体愈发结实，体质、精力为友辈所不及。新中国成立初期，在一次宴会上，毛泽东见梁漱溟只吃素食，又不饮酒，笑着说，梁漱溟坚持食素，清心寡欲，定长寿也。

梁漱溟曾书一座右铭："情贵淡，气贵和，唯淡唯和，乃得其养，苟得其养，无物不长。"晚年，谈及"文革"的遭遇时，他说："行云流水，不足挂齿。当时心里有点儿不愉快，几天不就过去了。"梁漱溟的哲学境界深深触动着每一位热爱生活、认真生活的人。

吴宓：宁可杀头，也不批孔

不论是在新文化运动时期，还是在"文革"期间的全国上下一片讨伐孔子之声中，吴宓始终坚决反对批孔，表现了他卓尔不群的伟大人格。

吴宓（1894—1978 年），陕西省泾阳县人，字雨僧、雨生，笔名余生，中国现代著名西洋文学家、国学大师、诗人。吴宓曾任国立东南大学文学院教授（1926—1928 年），国立西南联合大学外文系教授，1941 年当选教育部部聘教授。吴宓还是清华大学国学院创办人之一，学贯中西，融通古今，被称为中国比较文学之父；与陈寅恪、汤用彤并称"哈佛三杰"；著作有《吴宓诗集》《文学与人生》《吴宓日记》等。

吴宓从小受到系统的封建传统教育，饱读孔孟经书，儒家的仁义礼智信诸思想在他的大脑中深深扎根，使他对孔子产生了崇拜之心。1911 年，吴宓走出秦地，剪下辫子，带着"堪笑井蛙言大海，愿从赤骥走风尘"的豪情步入清华学堂。清华六年，使他对中国儒学文化由原来的感性认识上升到理性认识，他自觉地追慕孔子的人格风范。然而 1917 年兴起的新文化运动狂潮，却要砸烂孔家店，对旧文化进行全面革命，年轻的吴宓深深地陷入痛苦之中。他对这场风暴不愿轻易介入，但又苦于没有拯救临危的传统文化的利剑。为了摆脱心理上的困惑，寻求挽救民族文化的良方，吴宓告别故土，踏上了去美国的征途。到了美国，吴宓接触到西方文化，发现了一个新的世界。1921年8月6日吴宓回国,当时正是"五四"运动掀起的新文化狂潮汹涌澎湃之时,吴宓没有应和附随,他坚信自己接受的新人文主义恰恰是拯救传统文化、中国人的精神领袖孔子的最佳武器。所以在1922年1月1日,吴宓应梅光迪、胡先骕等同仁的邀请,共同创办了《学衡》杂志,积极写稿,参与论战。当新文化的斗士们大喊"打倒孔家店"时,他却自觉地追慕孔子精神,表现出他超然卓世的人格风范。

吴宓坚信孔子学说是中国文化的精华,他决不应和世俗,敢于坚持自己的观点,发表了很多赞扬孔子精神的文章。如1927年9月22日《大公报》载的《孔子之价值及孔教之精义》一文,全面论述了孔子学说的价值所在。他认为自孔子出世两千四百余年以来,"孔子常为吾国人之仪型师表,尊若神明,自天子以至庶人,立言行事,悉以遵依孔子,模仿孔子为职志,又藉隆盛之礼节,以著其敬仰之诚心"。然而"咱新潮澎湃,孔子乃为人攻击之目标,学者以专打孔家店为号召,悔之曰孔老二,用其轻薄尖刻之笔,备致诋毁,盲从之少年,习焉不察,遂共以孔子为迂腐陈旧之偶像,礼教流毒之罪人,以谩孔为当然,视尊圣如狂病"。尤其令吴宓愤慨的是,"近一年中,若武汉湘中等地,摧毁孔庙,斩杀儒者,推倒礼教,打破羞耻,其行动激烈暴戾,几令人疑其为反对文明社会,非特反对孔子而已"。吴宓坚信孔子学说,"故今虽举世皆侮孔谩孔,虽以白刃手枪加于我身,我仍尊孔信孔,毫无迟惑之情、游移之态,必使世人对孔子及孔教之态度能至如此,则孔子方得为尊,而我对于孔教之责任,乃为己尽"。吴宓把尊孔和维护孔教作为自己的责任,并且阐明孔教

如人人能行之，社会、国家、世界均必获益。吴宓阐述孔子的价值有两点，一是孔子本身，孔子是中国文化的中心，他以前数千年的文明靠他传播，他以后的文化，依赖他而开启，可以说，没有孔子，就没有中国文化；二是孔子乃中国道德理想之所寓，人格标准之所托。孔子一生历尽千辛万苦，为实现自己的理想而不懈追求，尽管他有时穷到了"累累若丧家之狗"的境地，但他没有屈服，没有遁世，仍然孜孜以求，笃志勉力，恪守善道。吴宓对孔子这种精神非常赞赏，从中自觉地汲取精神营养。他说："道德之要，在崇善去恶，从是拒非，取义轻利，而人格之成，实由模仿，必取法乎上，乃可免堕落。"因此，他有意模仿孔子的为人，以孔子人格作为他的标准，敢于在"黑云压城城欲摧"的批孔高潮之时，高呼："孔子者，理想中最高之人物也，其道德智慧，卓超千古，无人能及之，故称为圣人。圣人者，模范人，乃古今人中之第一人也。"尽管尊孔给他惹来不少的麻烦，其身处"矢以孤身当百毁"之境地，但他毫无妥协，仍然坚持自己的信仰。

吴宓推崇孔子重视独立人格的思想，他自觉地用孔子所说的"志士仁人，无求生以害仁，有杀身以成仁""三军可夺帅也，匹夫不可夺其志也"等语作为自己的行动指南。他一生追求孔子所谓的"君子"人格，不管世态炎凉，从不欺己之志，主编《学衡》时期如此，在1971年全国批林批孔时期更是如此。

"文革"期间，"四人帮"大倡评法批儒，诋毁孔子。当时全国上下一片讨伐孔子之声，大多学者，噤若寒蝉，敢于公开反对批孔的人寥寥可数，据说全国只有三位，吴宓就是其中一个（还有梁漱溟、容庚先生）。由于公开反对批孔，吴宓被打成现行反革命。有一次，造反派批斗他，他说："批孔是骂祖宗，从 20 年代起我就坚持不批孔，宁可杀头，也不批孔。"结果吃尽苦头，但他尊孔之志不改，在这点上，他确实表现得有些"顽固"，不会见风使舵，但恰恰是这种"顽固"表现出他敢于坚持真理的真诚人格。

吴宓从不掩饰自己的观点，他认为批孔实质是对五千年中华文化的自我否定，是对自己祖先的野蛮侮辱与嘲弄。他说："我们信奉马克思主义，奉马、恩、列、斯为师。然余未见马克思辱骂歌德、席勒，更未见列宁、斯大林詈罗蒙罗索夫、普希金、托尔斯泰、果戈理！"

吴宓敢于面对全国山呼海啸般的批孔浪潮，坚持自己的观点，这需要多么强大的不畏牺牲的精神勇气啊，而他的精神正源于孔子的正直人格。他的这种坚持己见、矢志不渝的品节，正是孔子精神的一脉相承。